古典文獻研究輯刊

二四編

潘美月・杜潔祥 主編

第 29 冊

《相宗絡索》釋注

徐孫銘、李佩樺 著

國家圖書館出版品預行編目資料

《相宗絡索》釋注／徐孫銘、李佩樺 著 -- 初版 -- 新北市：
花木蘭文化出版社，2017〔民106〕
序 6+ 目 2+172 面；19×26 公分
（古典文獻研究輯刊 二四編；第 29 冊）
ISBN 978-986-485-019-8（精裝）
1. 相宗絡索 2. 注釋
011.08   106001927

ISBN-978-986-485-019-8

9 789864 850198

古典文獻研究輯刊
二四編　第二九冊　　　　　　　ISBN：978-986-485-019-8

《相宗絡索》釋注

作　　　者　徐孫銘、李佩樺
主　　　編　潘美月　杜潔祥
總 編 輯　杜潔祥
副總編輯　楊嘉樂
編　　　輯　許郁翎、王筑　美術編輯　陳逸婷
企劃出版　北京大學文化資源研究中心
出　　　版　花木蘭文化出版社
社　　　長　高小娟
聯絡地址　235 新北市中和區中安街七二號十三樓
　　　　　　電話：02-2923-1455／傳眞：02-2923-1452
網　　　址　http://www.huamulan.tw 信箱 hml 810518@gmail.com
印　　　刷　普羅文化出版廣告事業
初　　　版　2017 年 3 月
全書字數　134721 字
定　　　價　二四編 32 冊（精裝）新台幣 62,000 元

《相宗絡索》釋注

徐孫銘、李佩樺　著

作者簡介

　　徐孫銘，男，1969 年 7 月華東師範大學政教系畢業。曾在湖南零陵師範、道縣師範任教。1980 年應聘到湖南省社會科學院哲學研究所從事中國哲學、佛學研究。1994 年任哲學所副所長，1998 年任研究員，並主持哲學所工作。2004 年任哲學所所長，兼任湘潭大學中國哲學博士生導師、湖南師大公共管理學院中國哲學、宗教學碩士生導師；2010 ～ 2012 年兼任泰國國際佛教大學碩士研究生導師、教授。曾先後兼任《漢文中華大藏經（續編）》編委會（北京）委員、中國佛教文化研究所特約研究員、船山學社副社長、《船山學刊》編委、湖南省社會科學院宗教文化研究中心主任、湖南省佛教文化研究會副會長、湖南省濂溪學研究會副會長。

　　主要著作有：《禪宗宗派源流》（合作、副主編）、《船山佛道思想研究》（合作）、《世紀佛緣》、《湖南佛教史》（主編）、《石頭希遷及曹洞禪》（主編）、《慧燈長明——佛教末法觀》（主編、合作）、《般舟三昧經釋譯》（合作）、《海峽兩岸人間佛教改革方向的辯證思考》、《道安法師法脈及其傳承》（主編、合作）、《船山全書‧相宗絡索》（點校），《道》、《氣》、《理》、《心》、《性》、《天》（合作）等。

　　李佩樺，女，1978 年生，湖南永州道縣人，哲學碩士，湖南科技學院教師，撰有《周敦頤寄情山水之旨趣》《濂溪和諧思想及現實意義》《禪林傳統寺院經濟及其現代啟示》《船山轉識成智論淺析》《周敦頤王船山德育思想淺探》等。

提　　要

　　船山對唯識思想及其範疇體系條分縷析，在闡述認識本體、認識途徑、認識的真理性標準和認識目的，揭示一刀斬斷末那而頓悟，轉識成智、成就理想人格的智慧方面尤有創見，但在詮釋第七識時也有某些片面性。通過本書可以深刻瞭解法相唯識學的基本脈絡和修持重點，從中汲取佛家轉知識為德性、方法和覺性的智慧，對於理解佛教哲學的中國化、儒釋道哲學及當今中西方辯證思維的會通頗有教益和啟迪意義。

「心淨、行淨、國土淨」之自覺性

釋惠敏法師

日本東京大學文學博士；臺灣法鼓文理學院校長、臺北藝術大學名譽教授

2016 年夏末，我接到徐孫銘教授的電子郵件，提到：「近日拙著《佛教哲學教程》修正稿已完稿，雖自感障礙很多，水平有限，難以登大雅之堂，但爲多年教學的講稿，敝帚自珍，擬請您賜序，以完成在世 70 年之文債。請法師百忙中賜序，以光篇幅，回饋佛教界的關愛。」敝人對此訊息，首先引起的是一段有關「乘雲宗」或道安法師法脈資料之奇妙因緣的回憶，以及對徐孫銘教授治學認眞、品格高尚的印象。

話說 2002 年 4 月 27 日，湖南省社會科學院哲學所的徐孫銘、文平志、王傳宗等專家學者，受臺灣的人平慈光寺住持惠空法師之託，爲了撰寫有關道安法師傳記，到西蓮淨苑的參訪。我提到：「對於道安法師法脈的來源，我個人曾遍查《禪門日誦》及其它資料，並沒有可靠線索，可否拜託您們代爲瞭解道安法師傳承的資料，因爲您們是湖南省社會科學院的研究學者，與出生湖南的道安法師的資料，或許有地利之便。」

因緣殊勝，徐孫銘教授等人果眞有所斬獲，找到與道安法師法脈有關的《重修乘雲宗譜》。2003 年 2 月，我接到徐孫銘教授的來信，說明道安法師的法脈是來自「乘雲宗」，其祖庭爲始建於梁天監十二年（513）的衡陽雁峰乘雲寺。之後，徐教授等人出版了《道安法師法脈傳記》。

2007 年 3 月，臺灣的西蓮淨苑音像中心規劃道安長老大陸行蹟尋訪的紀錄片計劃，由我率領帶團前往道安長老故鄉、出家寺院、住持弘化的寺院等地方採訪錄影，在湖南地區，徐教授一路陪伴與照顧我們。2008 年 12 月，我們舉辦紀錄片成果展及研討會，特邀請拍攝期間大力幫忙的法師、居士們來臺灣，共襄盛舉。這些因緣，讓我有機會親炙其德行風範，例如：精勤的筆記習慣，謙虛恭敬的態度，簡樸踏實的生活細節等等。

　　敝人不是哲學背景，對於徐教授即將出版《佛教哲學教程》的勝緣，不敢置喙，只是簡述少許心得如下：此之教程是爲湘潭大學、湖南師大中國哲學博士、碩士研究生佛教哲學課講稿，系統性介紹中國佛教哲學的流變、內涵、主要命題及其研究方法，從「理性直覺、德性自證、辯證綜合」三個面向，探究中國佛教哲學淵源和特質，期望提高轉識成智、淨化心靈、改造現代世界的自覺性。同時，我相信讀者可從此教程，感受徐教授對於佛教之「緣起性空、空有不二、佛性本覺、涅槃寂靜」、「揚善棄惡、因果報應、慈悲大愛、臨終關懷」、「中道實相、末法辨析、轉識成智」等議題獨特的體會與詮釋，人人自覺內在之和平、安樂種子。

　　《維摩詰經》說「若菩薩欲得淨土，當淨其心，隨其心淨則佛土淨。」唐朝窺基特別指出不可解釋爲：自心淨，則淨土「自成」，而是「菩薩自心清淨，五蘊假者有情亦淨。內心既淨，外感有情及器亦淨」，也就是「自心淨」→「有情淨」（眾生淨）→「佛土淨」的關係，理由是：「有情爲土，本所化故」，「諸有情土是爲菩薩嚴淨佛土」。這或許也是「心淨、行淨、國土淨」意義，以及此教程討論佛教哲學的現代價值的自覺性。

2016 年 9 月 9 日

開拓中國佛教的心理學研究

釋妙華法師
（長沙洗心禪寺首座和尚）

　　大作略讀，觀感如下：一、王船山對唯識之《相宗絡索》一書，實有重新注釋之必要。其一、至今中國人沒有自己的心理學，《相宗絡索》在我看是中國人的心理學研究。其二、西方心理學較之唯識學可以說是小巫見大巫。其三、唯識學需要推陳出新，尤其是面對抑鬱症多如牛毛的時代，我以為是環境污染、社會污染、心靈污染共同作用的結果：人們對心靈的認知還不如軸心時代。二、船山學問的局限你在文中已經指出，他對第九識白淨識的指陳應予高度肯定與突出，六祖說「何其自性本自清淨」！三、體例也很清爽，如能結合現代人心病，不會減少學術性，又增加了針對性。

　　我不做學問，志在般若與禪，及孔顏之樂，因此淺見如此，請見諒。並對您二十餘年引我為知己，表示感謝！

2016、10、3、於洗心禪寺

自　序

　　余自八十年代初從事哲學研究以來，在馬克思主義哲學、中國哲學、佛教哲學研究的崎嶇小道匍匐穿行，其間略有所窺、所學，除已出版的《禪宗宗派源流》《船山佛道思想研究》《世紀佛緣》《湖南佛教史》《道安法師法脈傳記》幾本小冊子外，此次選輯《辨析與融通》《佛教哲學教程》《相宗絡索釋注》《中華民族宗教道德史略》《佛南佛教學案》《湖南宗教及民間信仰》《湖南宗教文化》七書，結集出版，承花木蘭文化出版社厚愛，將余與佩樺仁者合撰《釋注》一書先行出版，殊感因緣殊勝，值得珍惜。

　　三十六年來，在哲學、佛學園地耕耘，末學雖有所得，每思及「萬法歸一，一歸何處？」「磨磚作鏡，磨出什麼？」「智者拜經，經拜智者？」等問題（或謂三句話頭），似墮雲霧。或者以為所撰皆「無義味語」、「炒冷飯」，甚至「離經叛道」，愚安之若素，處之泰然，仍苦苦求索，以求在本體論、工夫論、人生智慧方面有所體悟。

　　此次所輯《佛教哲學教程》《〈相宗絡索〉釋注》等文，雖然不算宏篇巨著，不足以登大雅之堂，於中或可略窺筆者筆耕之苦心。船山《相宗絡索》原來視為「戲墨」之作，最多也僅為「釋氏《小學紺珠》」、引導後學之啟蒙書而已，實則此書不僅揭示法相宗「顯標漸教、密示頓宗」之秘密，而且闡述轉識成智、成就理想人格，為學佛、成人之根本，如同馮契教授所說的，以「轉識成智」為貫通中西哲學的根本智慧；其現量實證為檢驗真理之標的，實與「實踐是檢驗真理的根本標準」論相貫通。周敦頤「無極而太極，太極本無極」和「誠、幾、神」之說，意在與佛家「空有不二」、絕對真理與相對真理辯證統一的中道辯證思維相諧趣。此意在中國哲學博士、碩士研究生

教材《佛教哲學教程》中以轉知識爲理性直覺、德性證悟和辯證綜合中已予以貫徹。誠如惠敏法師序所開示的，如果視佛教哲學作爲淨心法門的話，那麼，其要義正在於「心淨、行淨而國土淨」，在於化知識爲德性、中道辯證思維和理性直覺，而成就理想人格，化爲淨行而莊嚴國土。而妙華法師所示「《相宗絡索》在我看是中國人的心理學研究」、「唯識學需要推陳出新」，更指明此書對於開闢佛教心理學研究領域的重要意義，恰恰是點到欠缺心理學知識的筆者的痛處，值得進一步反思和深入研究。

至於對《湖南佛教學案》《湖南宗教》《宗教文化》和《民間信仰》的梳理，以及對《中華民族宗教道德生活史》之初步探討，意在爲後續研究者探尋宗教學研究的思路，積纍初步史料，並爲宗教、哲學與現代科學、生命科學的融彙貫通提供借鑒。歸納起來，以生產力和綜合國力爲邏輯起點，以無形理體爲宇宙本原，以「空有不二」、「無極而無不極」的中道辯證思維爲槓杆，以「無欲故靜」、動靜一如的禪觀、寂照悟入心性，轉識成智、成就理想人格，是爲吾人會通中西哲學的一孔之見。由此看來，對三句話頭的思索筆者不一定已得出正確的答案，但「愚者千慮，必有一得」，權作引玉之磚，也可聊以自慰。謹以幾句偈語獻給讀者，並就正於各位同仁：

> 一氣盈天下，食色性爲天。民生以爲基，空有原無間。
>
> 太極本無極，中融色息心。轉識終成智，無我益人天。
>
> 淨心貴淨行，行淨國土淨。中西任縱橫，誠幾通古今。

徐孫銘

丙申年九月初三日客居匹茲堡望鹿苑

目

次

前　言

　　船山對唯識思想及其範疇體系條分縷析，在闡述認識本體、認識途徑、認識的眞理性標準和認識目的，揭示一刀斬斷末那而頓悟，轉識成智、成就理想人格的智慧方面尤有創見，但在詮釋第七識時也有某些片面性。通過本書可以深刻暸解法相唯識學的基本脈絡和修持重點，從中汲取佛家轉知識爲德性、方法和覺性的智慧，對於理解佛教哲學的中國化、儒釋道哲學及當今中西方辯證思維的會通頗有敎益和啓迪意義。

　　明末淸初著名思想家、哲學家王船山先生爲衡陽釋先開和尙訂《相宗絡索》在 1681 年（辛酉），時年 63 歲。兩年後船山作《授別峰僧先開上人〈相宗絡索〉口占》一帙，詩曰：「且憑嚼飯喂嬰兒，莫放蜘蛛拽網絲。杜宇喚春歸正急，原來春在落花時。」〔註 1〕大意是以這本書作爲敎材，對唯識宗的經論及其基本範疇慢慢消化，對唯識學加以弘揚。書中所揭示的唯識綱宗要抓住不放，不能陷入名相槪念羅網中貽誤後人。學界正掀起硏究「唯識」的熱潮，此書或可作爲解讀唯識宗認識論的增上緣。宏揚唯識學的春天，也許在唯識宗衰微的地方和時候就會到來。

　　唯識學義理宏富，深奧難懂。船山撰《相宗絡索》，全書 29 章，對唯識思想及其範疇體系條分縷析，對宇宙萬法的整體聯繫，有情生命的因果相續；認識的主客觀條件、心理組成因素、生起因緣及各種功用；迷悟差別、雜染根本及淸淨轉依、轉識成智作了簡要論述。其重點，是對認識本體、認識途徑、認識的眞理性標準和認識的目的進行系統分析，〔註 2〕揭示一刀斬

〔註 1〕王敔《笈雲草詩集》目錄，見《船山學報》1989-1（總 13）第 2 頁。
〔註 2〕參王恩洋《相宗絡索內容提要》（未刊稿），見《船山佛道思想硏究》，湖南出版社 1992 年版附錄。

斷末那而頓悟，轉識成智、成就理想人格的智慧。

筆者八十年代初有幸師從原中國佛教文化研究所所長、佛學大師吳立民先生，在其指導下初讀此書，粗有體會，但也有一些誤讀之處，至今「葦編三絕」，對照玄奘《成唯識論》《唯識三十頌》和船山《思問錄》等論典，不僅有溫故常新之感，而且愈讀愈有味，對深入理解辯證唯物主義認識論也深受啓發和教益。

船山闡釋唯識宗的認識論，主要有以下四方面創見：

（一）以真諦九識說詮釋認識本體

《雜阿含》卷十、二六七經說：「當善思惟觀察於心」；「心惱故眾生惱，心淨故眾生淨」。在原始佛教，心是一切煩惱的根源，識是對內心的觀察思維作用，心識是一切認識、思維和道德修持的根本所在。到大乘佛教，對心識有更精細的論述和深入的分析。《成唯識論》卷三說：「無始時來界，一切法等依，由此有諸趣，及涅槃證得。」卷二也指出：「諸心、心所依他起故，亦如幻事，非眞實有。爲遣妄執心心所外實有境故，說唯有識。」唯識宗主張「三界唯心，一切唯識」，把「識」作爲物質世界和自身的本原，也是輪迴果報的主體和證得涅槃的依據。「一切唯識」，就是論定一切萬法都是因緣而生，沒有永恒不變的自性，認識事理，判斷善惡，轉凡爲聖，都是眞如實性本體的顯現。《相宗絡索》基於此，說：「唯識一宗該盡萬法，一切事理、見相、善惡、凡聖皆識所證。」所謂「識」，有知識、認識、了別的涵義，是指判斷是非、棄惡從善的認識和超越智慧的證悟，包括認識主體（心王）、客體（心所）、認識能力（能、見分）認識對象（所、境、相分）、相對（無執）、絕對（執著）、眞（空）、假（有）、中、善、惡、無記等範疇。就唯識宗的認識論而言，大體可分爲認識的本體、認識和修持的過程、認識的功能和作用、認識的是非、善惡等價值判斷及其標準、認識和修持的目的等；按其認識功能，則可區分爲眼、耳、鼻、舌、身、意、末那、阿賴耶八識，其中前五識指感覺、直覺，屬於感性認識；第六識意識，屬於理性思維；第七識意志，屬於悟性思維；第八識所謂「心王」，是認識的本體。這大體是玄奘門人依《瑜伽師地論》經典建立的。

《相宗絡索》於八識之外，有第九識之說。船山在「八識轉四智次第」章說：「至等覺位，一刹那頃，七識轉盡，從此盡未來際，不受一毫薰染。

無始以來，原不曾薰動絲毫，還與真如契合無二，名無垢識，一日白淨識。《解深密經》立為第九識，實即八識轉後之異名爾。」〔註3〕船山接著說：「此識（第八識）乍爾脫縛輕安，金剛道後宿習消盡，入佛果位，（刹）那之間，大圓鏡智即爾現前，七識滅盡，〔平等〕智自顯，還白淨識，即圓鏡智不（持）〔轉〕滅」，「八識因之將還白淨」〔註4〕。圓測《解深密經疏》第三說：「真諦三藏依《決定藏論》立第九識義。……第九阿摩羅識，此云無垢識。」《妙法蓮華經玄義》第五下亦說「若地人明阿黎耶（即第八識）是真常淨識，大乘人云是無記、無明、隨眠之識，亦名無淨識，九識乃名淨識。」《楞伽經》卷四說：「大慧，此如來藏識藏，一切聲聞、緣覺心想所見，雖自性淨，客塵所覆故，猶見不淨，非諸如來。大慧，如來者現前境界，猶如掌中視阿摩勒果。」〔註5〕《楞伽經》即在具染淨相依的如來藏識藏（第八識）之外別言「如來者現前境界」的清淨、無垢之識。〔註6〕船山所言白淨識、無垢識，當本卜述經典。文中說《解深密經》立第九識，可能是根據圓測《解深密經疏》而立言的。但說第八識轉後之異名為無垢識、白淨識，係本真諦之說，則確定無疑。

　　第八識為認識的種子所藏，就是認識的本體。《成唯識論》卷三說：「無垢識，最極清淨，諸無漏法所依止故，此名唯在如來地有。」〔註7〕說認識本體是如來地才有的無垢污、白淨、清淨的，就是善良的清淨木性、覺性、佛性。船山在四分、三類境的論述中還說：第九識「自其證八識銓真，則謂之白淨識；自其普照一切見相，則謂之大圓鏡智。」提出審察驗證的證自證分，要依靠白淨識普照一切的圓滿智慧、清淨智光，則有把白淨識作為人的本性中超越智慧的光芒的意蘊。

　　船山言第九識，大體上是用白淨、無垢之名說明第八識轉後之狀況，並非在認識的本體之上另安一個本體。其說非杜撰，而是有經論依據。實質是根據「一切眾生都有佛性」的理論，肯定認識的本體是清淨本性。船山治法相唯識學，既不違相宗大義，又融彙貫通，不執於一家之說，於此可見一斑。

〔註3〕　《相宗絡索》「八識轉四智次第」章，《船山遺書》第 21 頁 a。
〔註4〕　《相宗絡索》「八識」章第 1 頁 a；「十二支」章，第 3 頁 b。
〔註5〕　《大唐西域記》八曰：「阿摩落迦，印度藥果之名也。」《維摩詰經·弟子品》僧肇注曰：「庵摩勒果，形似檳榔，食之除風冷。」
〔註6〕　參丁福保《佛學大辭典》，中國書店出版社 2011 年版，第 89 頁。
〔註7〕　參韓廷傑《成唯識論校釋》，卷三，第 188 頁。

當然，根據佛家認識真理的肯定、否定、矛盾、不定的四種邏輯判斷（所謂四句百非〔註8〕），究竟認識本體、覺性是清淨（肯定）、非清淨（否定），還是亦淨亦染（矛盾）、非淨非染（不定），都不能執著，要看從什麼角度而說。對玄奘、真諦乃至船山之說也應作如是觀，不可一概而論。

（二）以禪學頓悟之理融入唯識宗

《相宗絡索》的一個重要內容是發揮《大乘起信論》關於「一心二門」的學說，就是說人們對成佛（成就佛陀一樣的善良覺性、理想人格）不僅有迷惑與覺悟之別，而且亦有漸修、頓悟之分。中國佛教的佛性理論，自竺道生首倡頓悟成佛之後，頓悟思想一直占十分重要的地位，禪宗六祖慧能更把明心見性、頓悟成佛上升為修行學說的主流〔註9〕。但是，唯識宗的修行，向來是以漸修為特色的。《成唯識論》區別二乘與菩薩乘的不同對象，有漸有頓：「修所斷者隨其所應，一類二乘三界九地一一漸次九品別斷，一類二乘三界九地合為一聚，九品別斷；菩薩要起金剛喻定，一剎那中三界頓斷。」《攝大乘論》把修行的位次由初發心一直到證佛果分為四個階段（勝解行地〔註10〕、見道、修道、究竟道），共經歷三個大劫時間。《唯識學概論》說：「佛法以起信開解、趣行、擴證，唯識特詳開解，其於趣行不及三論、禪宗之直捷；其於起信，不及華嚴、天台之圓頓……。」〔註11〕認為佛教修行分四個步驟：信仰、理解、實修、證悟，唯識宗偏重理解，實修、證悟方面不及三論、禪宗的直接契入，而信仰不及華嚴、天台的圓融、超越。《相宗絡索》既基本上忠實於按照玄奘、窺基之旨介紹法相唯識之學，又融入禪宗直契本心的長處。如「八識轉四智次第」一章，船山在介紹前五識轉唯一品、六識三品轉、七識三品轉、八識三轉異名的同時，明確說：「此約漸教而說。

〔註8〕 四句百非：佛教認為，真理是相對與絕對的辯證統一，是靠自己的體悟，超越任何言語和絕對性的。「四句」指肯定、否定、矛盾、不定；「百非」則是對世界的一切，包括本體有無、是非、善惡、常斷的種種判斷都不應執著。吉藏《三論玄義》云（大正45‧2a）：「牟尼之道，道超四句。」又云：「道為真諦，而體絕百非。」《大乘玄論》在闡明開善寺智藏之「二諦說」時亦云（大正45‧17a）：「真諦之理，絕四句百非。」

〔註9〕 參賴永海《中國佛性論》，江蘇人民出版社2010年版，第220頁。

〔註10〕 勝解行地，猶如加行位，是為見道、修行準備資糧的階段。太虛大師稱：「勝解行地」，就是暖、頂、忍、世第一法——四加行位，是菩薩修唯識而到初地證悟階段，是順抉擇位那時候的智慧，又名順抉擇分善根。窺基《成唯識論掌中樞要》：「生正解者，勝解行地，聞、思、修位，名為正解。」

〔註11〕 唐大圓《唯識教義述要》，《唯識學概論》第251頁。

若從相宗悟入，只有徑滅七識，餘七一齊俱轉。相宗顯標漸教，密示頓宗，在人自悟爾。」「初發心時，早識此末那爲八識流轉根本，一刀斬斷，不假六識觀門漸次降伏，尤唯識秘密法也。」〔註12〕這顯然是吸取了禪宗「自性自悟，頓悟頓修，亦無漸次」〔註13〕的頓悟思想，融入唯識宗了。這種對漸修頓悟的詮釋「在人自悟」、實證，如果先開和尙不是「金剛道上過來人」，如果他和船山沒有切實的體悟，是不可能談此「唯識秘密法」的。

然而船山的詮釋，也有門外談禪，甚至誤解之處，如《思問錄‧外篇》說：「釋道生曰：『敲空作響，擊木無聲。』此亦何足爲名理，而矜言之也？天下莫大之聲，無逾於雷霆，乃豈非敲空作響乎？木之有聲者，其中空也。即不空者，擊空向木，木止空不行，反觸而鳴也。舉木按木，雖竭賁獲之力，聲亦不生，則擊木固無聲矣。釋氏之論，大抵如此，愚者初未置心於其際，乍聞而驚之爾。如《楞嚴》所稱『耳聞梅而涎從口出』之類，亦復成何義旨？」這裡對釋道生著名的禪語（實則「煮海成鹽終有味，敲空作響本無聲。」指禪修證悟以無門爲法門）用自然界的音聲來作解，以此批評佛教，難免隔靴撓癢。

（三）以現量、實證爲檢驗眞理的標準

研究唯識學和其它學問一樣，根本在於求眞，契入事物實相。船山《相宗絡索》見分三性章引用經文論圓成實性說：「圓成實性即眞如本體，無不圓滿，無不成熟，無有虛妄，比度即非，眨眼即失，所謂『止此一事實，餘二定非眞』，此性宗所證說，乃眞如之現量也。」指明認識眞理、辨別善惡、邪正的根本方法在於現量、實證。

《相宗絡索》三量章，以三量（現量、比量、至教量）作爲度量其自相體性，即檢驗認識眞理性的標準。船山說：「現量，現者，有現在義，有現成義，有顯現眞實義。現在，不緣過去作影。現成，一觸即覺，不假思量計較。顯現眞實，乃彼之體性本自如此，顯現無疑，不參虛妄。前五於塵境與根合時，實時如實覺知是現在本等色法，不待忖度，更無疑妄，純是此量。」以現量爲量度、顯現眞實本性的根本，因爲它具有當前顯現、當下直接顯發、如實顯現的品格，故爲檢驗眞理最根本的標準。而比量則「以種種事，比度

〔註12〕《相宗絡索》「八識轉四智次第」章，《船山遺書》第20頁a、b；第21頁a；「迷悟二門」章，第19頁。b；「八識轉成四智」章第25頁b。
〔註13〕《壇經‧頓漸品第八》，《中國佛教思想資料選編》第二卷，第4冊，第59頁。

種種理。……此量於理無謬，而本等實相原不待比。」非量則為「情有理無之妄想，執為我所，堅自印持，遂覺有此一量，若可憑可證。第七純是此量。」此外，至教量（佛言量）則與以上三量相聯繫，運用經典理論檢驗認識的真理性，既可與現量、實證相結合，成為根本的標準，也可與比量、非量結合，檢驗到認識的某種程度的真理性或者導致謬誤。這是船山對檢驗認識真理性的標準的創見。

唐代宗密大師《禪源諸詮集都序》說：「西域諸賢聖所解法義，皆以三量為定，一比量，二現量，三佛言量。」〔註14〕比量，即邏輯推理、比較分析；現量，即實證和心理體悟；佛言量，即經典、理論的指導。現量、實證是檢驗認識真理性的第一位的標準，邏輯推理（比量）、經典指導（佛言量）是重要的不可缺少的憑藉和依據。船山尤強調對於經典指導也應具體分析其與三量的聯繫，不能教條化，教條化則可能成為沒有客觀真實性的非量；即使評論詩歌，也以「身之所歷，目之所見，是鐵門限」，強調親歷、實證為根本標準（「鐵門限」）〔註15〕，這的確很有見地。「三量勘同，方為究竟」是中西方學者佛學研究和修行契入實相的根本方法，辯證唯物主義的實踐第一觀點與此是息息相通的。船山之子王敔《大行府君行狀》也說：船山先生「尤於二氏之說，入其藏而探之，所著有《老子衍》《相宗論贊》，以為如彼之說，而彼之非自見也」，把「如實探究其真相，自然彰顯其是非」作為弄通佛道著作的科學方法。我們要讀懂《相宗絡索》的奧義，無非是根據宗密所說「三量勘同，方為究竟」和船山「如彼之說，其非自見」這種實事求是的科學方法，從唯識宗經論和人生、歷史實際出發，通過比較分析，闡發其義理的經典根據，揭示其符合人生、認識、心理體悟諸方面的切實見解。船山之釋讀，所謂「如彼之說，其非自見」，大約有幾層意思，即如實論述，同情默應；如是推理，其非自見；如法批駁，善意批評。其以禪（宗）說相（宗），也有不同層次：一、金剛道過來人，親有證悟，說到點子上；二、門外談禪，隔靴撓癢，難免誤讀；三、客觀評釋、批駁。

關於認識如何檢驗，《相宗絡索》還有四分、三類境之說。四分指認識

〔註14〕宗密《禪源諸詮集都序》，《續藏經》第48冊。

〔註15〕《薑齋詩話》：「身之所歷，目之所見，是鐵門限。即極寫大景，如：『陰晴眾壑殊』、『乾坤日夜浮』，亦必不逾此限。非按輿地圖便可云『平野入青徐』也，抑登樓所得見者耳。隔垣聽演雜劇，可聞其歌，不見其舞，更遠則但聞鼓聲，而可云所演何出乎？」

眞理的主體（見分、認識能力）、客體（相分、認識對象）和檢驗眞理的必經過程、程序：認識——自我檢驗（自證分）——審察驗證（證自證分）。《相宗絡索》說：「自證分：自證者，不起見，不緣相，而自有能證之體，唯第八心王有之，乃見相之總持也。前七無。證自證分：以眞如智光灼知八識，即是如來藏證知八識心王生滅之因。此唯第九白淨識有此分，自其證八識銓眞，則謂之白淨識；自其普照一切見相，則謂之大圓鏡智。」就人們的認識而言，前七識（感性認識、理性思維、意志）都無法自我檢驗（自證分），只有第八識轉識成智後，以不起見分、不緣相分的靜慮、無分別的智慧，才能做到；至於審察驗證的證自證分，則要依靠白淨識普照一切的圓滿智慧，靠清淨本性的慧光才能實現。三類境指認識、檢驗所達到的內境、內在眞實性的程度，有完全眞實（性境）、部份眞實（帶質境）和虛妄影像（獨影境）的區別。這樣，三量勘同，加上四分、三類境，就使得唯識宗的認識及其檢驗眞理有了正確的標準、切實可靠的保證。

（四）以轉識成智、成就理想人格為綱宗

船山以「人形圖」形象闡釋「迷悟二門」，闡釋陷入迷悟、流轉生死之中的「流轉門」和轉識成智、回歸清淨本性的「還滅門」。其中「還滅門」轉前五、第六、第七、第八識為平等、妙觀、所作和圓鏡四智的關鍵，在於一刀斬斷末那，轉迷誤為覺悟，轉認識為成就理想人格的智慧，這就抓住法相宗之根本，為其吸取、利用和改造佛教思想資料奠定基礎。船山說：「第七末那識，意之識也。故《成唯識論》亦名此為意識。六識緣此而生。此識雖未思善、思惡，而執八識一段靈光之體相為自內我，全遮圓成無垢之全體，由此堅持之力，一切染品皆從此起。故梵云末那，唐云染。」〔註16〕

末那識指對是非、善惡執著追求的意志。這種執著追求是恒常不斷的，有「堅持之力」，故謂恒審思量。由於恒常不斷地思善、思惡，故產生一切深重的業果，成為生死流轉、生滅不斷的根苗。船山說，「循環生死之中無有休息，皆此十二有支相緣不捨，唯一阿賴耶識貫徹始終也。」〔註17〕「蓋第八識相分，乃無始薰習結成根身器界幻影種子，染污眞如。第七識執（第八識）以為量，此千差萬錯，畫地成牢之本也。」〔註18〕第八阿賴耶識，即藏識，有含藏、所藏、我愛執藏三義。它能把對一切事物（諸法）的認識所

〔註16〕《相宗絡索》「八識」章第 1 頁 a。
〔註17〕《相宗絡索》「八識」「十二支」章，第 3 頁 b。
〔註18〕《相宗絡索》「三量」章第 5 頁 a。

產生的原因（種子）包藏在自體中，是諸法種子所藏之處，常被第七識執著為自我的東西。因此，種子的作用是貫穿在生死流轉和認識的全過程中的。之所以能夠貫穿始終，就在於「第七一向執持污塵，堅信迷著」〔註19〕，即末那識的恒審思量、堅持不斷的意志。因此，千差萬錯，畫地成牢的根本在於第七末那識。所謂「八識流轉生死之禍苗，皆由七識強攬」也〔註20〕。要頓悟真如佛性，必須抓住根本，一刀斬斷末那，轉識成智，轉染污為智慧。如果不抓根本，而在前五識的枝末上下工夫，那正如牛拉車不動，只打車不打牛一樣愚蠢〔註21〕。

「轉識成智」是將有執的末那識轉化為無執的平等性智，與第八識轉化為大圓鏡智（或轉為白淨識）相應，前五識隨之轉為成所作智，第六識轉為妙觀察智。八識轉成四智的先後順序是：第六七二識先還滅，第六識從初地見道起，至第七遠行地即滅盡；第七識從見道位起，至第八不動地我執永滅；第五、八二識還滅在後，第八識在第七遠行地將還白淨識，轉成無污垢的清淨本性，證大圓鏡智。前五識至佛果位亦還真如本體。在這過程中，第七識的污染和執持之功用即滅，第六識保留其思維之觀照作用，而滅去其受染的功能，故曰半還半滅；前五識、第八識則恢復其真如本性，只還無滅。這是與生死輪迴、流轉相反的逆向運動，故曰「逆序」。一順一逆，方向相反，何去何從，決於一心〔註22〕。

認識的最終目的，是認識事物的本質（實相），轉識成智，把知識轉換為人生的智慧。船山闡釋佛家「轉識成智」論，承玄奘《成唯識論》而來，其主旨是：經過漸修基礎上的頓悟，轉八識成四智，由流轉生死之門，趨於還滅解脫之路，達到涅槃成佛的理想境界。船山雖然是應先開和尚作《相宗絡索》，但不是依樣畫葫蘆，而是有其創見，關鍵在於一刀斬斷末那識（第七識），破除我執、法執，轉識成智，把作為認識和道德本體的第八識轉為白淨識，回歸圓滿自在、超越的清淨本性〔註23〕，成就理想人格。其轉識成智，成就理想人格的人生智慧，涉及方法、德性、超越三層面。馮契教授所謂「轉理性為方法，轉理性為德性」，屬於世俗的智慧層面；而玄奘大師《成

〔註19〕 《相宗絡索》「三量」章第5頁a。
〔註20〕 《相宗絡索》「八識三藏」章第17頁a。
〔註21〕 《相宗絡索》「八識轉四智次第」章。
〔註22〕 吳立民、徐孫銘《船山佛道思想研究》湖南出版社，1992，第144頁。
〔註23〕 參《船山佛道思想研究》第二節絡索相宗開生面。

唯識論》所說轉依所得四種涅槃，即本性清淨、煩惱障、眾苦、受用永寂之圓滿、自在境界〔註24〕，當即世間與出世間相融的超越層面。船山在方法、德性上出入佛道，有一定創見，但不可能有轉依所得的超越精神。《思問錄・內篇》說：「力其心不使循乎熟，引而之於無據之地以得其空微，則必有慧以報之。釋氏之言悟，止此矣。覈其實功，老氏之所謂專氣也。報之慧而無餘功，易也。爲之難者不然，存於中歷至賾而不捨，溫故而知新，死而後已，雖有慧，吾得而獲諸？」超越的智慧是使修行者熟處（煩惱、舊習性）轉生，生處（菩提、無我利他）轉熟，這種空微之慧或稱悟性、覺性（「眞如智光」），船山是肯定的，但把它看作與道家摶氣致柔之術一樣粗淺、容易，是一種偏頗之見，而且把它與「存於中歷至賾而不捨，溫故而知新，死而後已」的世間法對立起來，實爲「門外談禪」，在船山是在所難免的。

在船山看來，法相宗所要「一刀斬斷」的「末那識」與君子所重視的志向恰恰相反。《思問錄・外篇》釋第六、七、八識說：「釋氏之所謂六識者，慮也；七識者，志也，八識者，量也，前五識者，小體之官也。嗚呼！小體，人禽共者也。慮者，猶禽之所得分者也。人之所以異於禽者，唯志而已矣。不守其志，不充其量，則人何異於禽哉？而誣之以名曰染識，率獸食人，罪奚辭乎？」〔註25〕船山以志向、志氣釋第七識，反對佛家把第七識釋爲染識，並以志向與染識作爲人禽的一個根本分野，以此批評佛家「何異於禽」「率獸食人」，這是站在儒家衛道士的立場說的。從認識論而言，第七識作爲主宰意識、意志之識，既對第六意識、前五識有正確的導向（勵志、立志）作用，也有污染、誤導作用。船山之解不如佛家全面，這是應當看到的。釋氏主張頓悟成佛，必須「轉識成智」；要轉識成智，不僅要摒棄眼、耳、鼻、舌、身前五識對物質欲望的迷惑，而且要由思維、了別到言語道斷、無分別；不僅要否定（空去）作爲認識對象的「法」的實在性，而且要否定作爲認識主體的「我」的永恒不變性，只有我、法雙空，才能達到涅槃成佛的境界。斬斷末那，破除我、法二執，這與儒家自強不息的乾健之性、堅定不移的志

〔註24〕　《成唯識論》卷十：「涅槃義別略有四種：一、本來自性清淨涅槃，……唯眞聖者自內所證，其性本寂故名涅槃。二、有餘依涅槃，謂即眞如出煩惱障，雖有微苦所依未滅，而障永寂故名涅槃。三、無餘依涅槃，謂即眞如出生死苦，煩惱既盡餘依亦滅，眾苦永寂故名涅槃。四、無住處涅槃，謂即眞如出所知障，大悲般若常所輔翼……用而常寂，故名涅槃。一切有情皆有初一，二乘無學容有前三，唯我世尊可言具四。」

〔註25〕　《思問錄・外篇》第 14 頁 b。

向似乎矛盾，實則「立志」與「破執」是一體兩面。船山說釋氏「斥七識乾健之性，六識坤順之性爲流轉染污之害源」，正如船山之子王敔所說：「此言乾健之性、坤順之性者，爲仁由己，乾道也；主敬行恕，要在誠意愼獨，坤道也。」〔註26〕乾健之性，就是一個人建立德業的志向和志氣。坤順之性則是從實際出發、認眞思量、鑒別、愼重分別處理的工夫。從「世間法」說，一個人的德業大小，視其志向和誠意愼獨工夫而定，「志之篤，則氣從其志，以不倦而日新。蓋言學者德業之始終，一以志爲大小久暫之區量」〔註27〕。而從「出世間法」說，出世之人企求涅槃成佛，正是要破除一切執著，泯滅在世間有所作、有所爲（包括對善業、惡業的造作和執著）之志向。這就是爲什麼船山那樣旗幟鮮明地闢佛道的關鍵所在。

船山釋前五識爲認識器官（「小體之官」），第六識爲思慮、思維，第七識爲志向、意志，第八識爲思維本體、體量，從認識論說是正確的。但當他以此納入「氣本論」時，則又難免曲解唯識宗的本意。如前面所說「順之成人逆則仙」，這不是從本體論出發，而是從人性論、解脫論說的。船山循「氣本論」解釋時，吸取道家「以氣環魄，爲主於身中，而神常不死」之說，就是另外一個意蘊了。他說：「張子（張載）云『清虛一大』，立誠之辭也，無有先於清虛一大者也。玄家謂『順之則生人生物』者，謂由魄聚氣，由氣立魂，由魂生神，由神動意，意動而陰陽之感通，則人物以生矣；『逆之則成佛成仙』者，謂以意馭神，以神充魂，以魂襲氣，以氣環魄，爲主於身中，而神常不死也。……天地之化，以其氣生我；我之生，以魄凝氣，而生其魂神，意始發焉。若幸天地之生我而有意，乃竊之以背天而自用，雖善盜天地以自養，生也有涯，而惡亦大矣。」其實，船山的批評雖然嚴厲，但在解脫道的層面，也有同情默契的意蘊在內。「一刀斬斷末那」，破除我執、法執，不是連正確的政治方向、志向都不要了，而是轉識成智，轉有我爲無我，轉私理爲天地萬物之理，本天道而立人道。船山說：「言無我者，亦於我而言無我爾。如非有我，更孰從而無我乎？……無我者，爲功名勢位而言也，聖人處物之大用也。於居德之體而言無我，則義不立而道迷。有性之理，有性之德。性之理者，吾性之理即天地萬物之理，論其所自受，因天因物，而仁義禮知渾然大公，不容以我私之也。性之德者，吾既得之於天而人道立，斯

〔註26〕《張子正蒙注》卷二。
〔註27〕《張子正蒙注》卷五，第182頁。

以統天而首出萬物，論其所既受，既在我矣，惟當體之知能爲不妄，而知仁勇之性情功效效乎志以爲撰。必實有我以受天地之萬物之歸，無我則無所凝矣。言無我者，酌於此而後不徇辭以賊道。」〔註28〕船山以「有我」爲「無我」的前提，肯定「有我」爲聖人之大用，又從「性理」（無分別的解脫智慧）與「性德」（有分別、有分析的抉擇智慧）的角度，肯定無我、「大公」的性理與有我、「居體」的擔當精神（性德）的統一；這與轉迷爲悟，轉「我法二執」爲「人法雙空」，將「小我」融入「大我」，高揚普度眾生的精神，從根本上說是一致的。也就是說，佛家普度眾生、「治心以治國」的志向，不僅不會與儒家治國、平天下的志向相違，而且相諧調。這層意思，船山未點出，也是在他所處時代、囿於儒家的視角所無法認識到的。

　　一刀斬斷末那，八識將還白淨，轉識成智，這就是船山對法相唯識學「秘密法門」的認識，也是他使唯識學別開生面的突出造詣。治儒學之人能對此有相當的造詣，是很不容易的。過去治儒學的人，對於心理現象、生命現象很少深究，總是囿於「未知生，焉知死」、「不知人，焉知天」、「子不語怪力亂神」、「罕言性與命」的舊圈子，跳不出來。雖然《周易》也講「仰以觀於天文，俯以察於地理，是故知幽明之故。原始反終，故知死生之說。精氣爲物，遊魂爲變，是故知鬼神之情狀。」但人們對「性命」之旨仍不甚了了。以至船山從小對「率性之辯」亦莫明其妙〔註29〕。船山《相宗絡索》不僅在「人性論」上繼承《中庸》「率性」、「成性」之旨，而且對佛家「復性」、「見性」之說亦有深刻闡明、獨特發揮，既恢復、高揚善良德性，又依據聖賢言教，通過現量實證和邏輯推理、比較、分析，鑒別善惡、邪正、眞僞，達到圓滿認識、實證眞理，成就善良德性的目的。

　　船山《思問錄·內篇》曰：「『欲修其身者，先正其心』，聖學提綱之要也。『勿求於心』，告子迷惑之本也。不求之心，但求之意，後世學者之通病。蓋釋氏之說暗中之，以七識爲生死妄本。七識者，心也。此本一廢，則無君無父，皆所不忌。」通過鑽研法相唯識學，船山領悟到心性修養關鍵在於一刀斬斷末那，破除對生死虛妄之本的執著，成就理想人格的智慧，從而更堅定樹立儒家自強不息、成就一番德業的志向和決心。這就是船山出入佛道，吸

〔註28〕　《思問錄·內篇》第 11 頁 a。
〔註29〕　據王之春《薑齋公行述》所載，明著名高僧德清憨山曾與船山之父及船山之師伍定相辯論過「率性之旨」，船山少年時曾聽其舅父譚惺敔說過此事，並問其父，其父「微曬不答。」這件事的詳情不得而知。

收和融合心性之學，並改造佛家的「空微之慧」、悟性、覺性（「眞如智光」），的集中體現，這無論對於把握唯識秘密法的眞諦，還是對傳統文化融彙貫通、推故別致其新，使儒學別開生面，乃至當今社會道德理性建設、提升辯證思維智慧都有重要的啓迪意義。

船山這本著作，在理解和說明相宗許多問題上雖有乖相宗原義，但在認識的本體、認識和修持的途徑、認識的眞理性標準和認識的目的、成就理想人格的智慧上也形成自己獨到的見解和思想體系，對於促進唯識學的發展，使儒家心性之學別開生面，是難能可貴的。

船山《相宗絡索》共有七種版本。（1）衡陽文明印刷公司代印石印本。（2）1933年上海太平洋書店《船山遺書》鉛印本。（3）1934年《船山學報》鉛印本。（4）衡陽市博物館有邵陽石印本。（5）1960年王恩洋校本。四川唯識學家王恩洋先生於1960年據學報本、太平洋本及長沙排印本校勘而成新版本（任繼愈先生謂長沙排印本即太平洋本）。（6）《船山全書》嶽麓書社校本。（7）國家圖書館藏衡陽圖書館石印本。最後一種與第一種是否是一個版本，待考。王校本未出版，原稿由任繼愈先生寄湖南嶽麓書社楊堅先生校閱，船山學社徐蓀銘同志以文明本爲底本，參考他本特別是王注本進行整理，經吳立民先生等斟酌後，由《船山全書》總撰楊堅先生終審定稿而成《船山全書》嶽麓本。本篇即根據《船山全書》嶽麓本釋論。

《相宗絡索》釋注

（一）八識總述

　　唯識論認爲，一切認識都源於阿賴耶識，也就是眞如之智。第八識作爲昭昭靈靈，可以識知一切的認識本體，因受末那識（意志）的執著和污染，影響第六意識（判斷、推理等理性認識）和前五識（感性認識）。一切污染和錯誤認識由此產生。每一種認識都有其具體的因緣（原因和根據）。

【原文1】

八識

　　前五識〔1〕　「眼」，九緣〔2〕生。「耳」，八緣生，不擇明暗，故不緣明緣。「鼻」「舌」「身」三，俱七緣；香、味、觸俱合境方取，不緣空緣。

　　第六意識〔3〕　即意即識，五緣生。不倚五根，別無浮塵根〔4〕爲其根，不緣根緣；諸境不現前，意亦生起，雖緣於法，而法非實境，不緣境緣。

　　第七末那識〔5〕　意之識也，故《成唯識論》〔6〕亦名此爲意識，六識緣此而生。此識雖未思善思惡，而執八識一段靈光之體相爲自內我〔7〕，全遮〔8〕圓成無垢之全體；由此堅持之力，一切染品皆從此起，故梵云末那，唐云染〔註1〕，從三緣生。雖當不作意之時，此中耿耿不忘，知此我爲我，故不緣作意緣，無所分別而識體不滅，故不緣分別緣。

　　第八阿賴耶識〔9〕　本等昭昭靈靈可以識知一切者，本是眞如〔10〕之智，因七識執之爲自內我，遂於廣大無邊中現此識量，而受七識之染，生起六識，流注前五。此識從四緣生。若不作意，則此識雖在而若忘，作意

────────────

〔註1〕原注：「染」下應有「污」字。據下文「染淨依」，「染」下應有「淨」字。

乃覺此識之光可以照境，不如七識之執滯不忘，不因作意。

【注釋】

〔1〕前五識：指眼耳鼻舌身等五種認識器官。識的本體稱為「心王」，其相狀可分為八，便是「八識」。宇宙人生的一切現象，都是「八識」變化出來的。識有四個名稱，叫做「心」、「意」、「識」、「了」。心是聚合各種觀念；意是思維、量度；識是分析、鑒別；了是識見通達。「八識」都有這四種功能。眼能見色，耳能聽聞，鼻有嗅覺，舌能知味，身能接觸外境，取得感性認識，就是前五識的功能。

〔2〕九緣：指各種認識器官產生作用的九個條件：（1）根緣——根器；（2）境緣——境界；（3）空緣——空間；（4）明緣——光線明暗；（5）作意緣——有造作、作意作用；（6）分別依緣——分辨、識別功能；（7）染淨依緣——產生污染、淨化作用；（8）根本依緣——本體、儲藏信息的處所；（9）種子依緣——存儲種子、信息的功能。眼識的產生，必須依賴眼根、實境、空間、光線明暗、作意、分別、染淨的執著、本體、儲藏種子等九種條件的作用才能生成，故為九緣。

〔3〕意識：是根據第七識的「意根」，對過去、現在、未來的事物的印象、影像和想像發了別作用，叫做「意識」。上述九緣中除去根緣、境緣、空緣、明緣，故五緣生。第六意識不依前五根，又沒有別的器官為其根器，而依第七末那識為根緣。

〔4〕浮塵根：是眼耳鼻舌身五根的物質性器官，與攝取五塵影像、具有神經功能的淨色根，具判斷、辨別功能的勝義根相聯繫，為後者所依託的處所。

〔5〕末那識：指具有染污、執著作用的意識活動、意志。

〔6〕《成唯識論》：凡十卷，唐玄奘譯。即護法等十菩薩各造論十卷，釋世親之《唯識三十論》（或稱《唯識三十頌》，簡稱《頌》）。玄奘翻譯該論時，採取弟子窺基的主張，以護法之觀點為主，糅譯諸師學說，集成此書，乃瑜伽一宗之精要。論中處處可見玄奘遊學印度之心得反映。故本論非僅為譯書，也可視為玄奘的述作。

〔7〕自內我：指自己內證到的體相。由於末那識不斷執著、恒審思量，使這些宿習成為自己證悟之體相，成為含藏一切善惡的種子——即第八阿賴耶識。《成唯識論》卷二：「此識具有能藏、所藏、執藏義故，謂與雜染互為緣故，有情執

為自內我故。此即顯示初能變識所有自相，攝持因果為自相故。」〔註2〕

〔8〕遮：遮蔽、蓋覆。

〔9〕阿賴耶識：指心，即能積集、儲藏諸法種子、產生諸法功能的認識本體。

〔10〕真如：指諸法本來具有的真實體性，又名實相、法界、法性、圓成實性。

【今譯】

唯識宗講「八識」，前五識指眼、耳、鼻、舌、身識。眼識具備九緣才能生起，即1、明緣，有一定的光亮可見度；2、空緣，有一定的空間距離；3、根緣，具備觀察能力的根器、視力；4、境緣，有一定的境物；5、作意緣，有對境物產生意識、反映的能力；6、分別依緣，有分辨、識別能力；7、染淨依緣，有認知、淨化的意志力；8、根本依緣，有產生、儲藏意識的能力；9、種子依緣，有儲藏種子、信息的本體。耳識具備八緣才能生起。耳識直接的對象是聲音，需具備耳根、發出聲音的外境、有識別、作意分別的能力、有一定的空間距離及意識、意志和儲藏種子、信息的能力、本體。因為耳根無論光線明暗都能聽到聲音，產生聽覺，所以不需具備光線明暗的條件。鼻、舌、身識需具備七緣（指根器、外境、意識能力、作意分別及六七八識）而生。鼻、舌、身三識緣香、味、觸時，要內依鼻根、舌根、身根，外與香塵、味塵、觸塵密切接觸，認識才能發生，故不需具備空間距離等條件。

第六識，就是意識，所依的是外物的印象、影像，需具五緣：1、產生意識作用的根器；2、意境；3、作意的能力；4、根本依緣；5、種子依緣，才能生起，不需直接接觸外境的條件。

第七識，即意志。《成唯識論》也叫「意識」。第六意識就是依第七識的意志、恒審思量、執著而產生的。此識雖然未思慮善惡，卻執著於第八識的靈明之性作為自己的體性，全部蓋覆圓滿清淨的法性，一切污染物從此產生。所以梵文說末那，中土譯作染污，需具備思量分別意識、執著儲藏之物的意志和恒常不斷儲藏種子的能力三個條件。在不造作、不著意時，此識仍然執著於小我的利益和見解，所以不需造作的意識，也不需另外具備分別的條件。

第八識，藏識，梵語名阿賴耶。阿賴耶識內含藏有明明白白識別一切事

〔註2〕見韓廷傑《成唯識論校釋》，中華書局1998年版，第101頁。

物的種子，是眾生本來具有的法性和清淨智慧。由於第七識執著於藏識以爲自證的體性，於是在廣大無邊的生命之流中都顯現這些見解和證量，都因第七識的污染而生起意識和前五識。藏識依據造作、思量分別、儲藏意識的本體和儲藏種子的能力四個條件起作用。如果不造作、思量，此識雖在若忘，有意造作才能覺知。這種覺照時時體認，它的光芒就可以照亮一切境像，不像末那識那樣恒常執著不忘，可以不去時時覺照。

【評析】

「八識」章　講八識各具備的因緣、條件。

法相唯識學，把世間萬象、一切事物歸納爲五大類、一百種，是謂「五位百法」。「五位百法」是萬象的總綱，歸究到一個根本上去，都只是「識」的變化而顯現。故曰一切唯識。「八識」係根據各自顯現的功能命名。第八識有聚集諸法種子、產生諸法的功能，故名心；第七識有恒審思量、執著爲我的意志力等功能，故名意志；前六識有了別各種意境、情境及粗顯境界的意識，故名意識。總括「八識」而言，是指產生認識的八種能力、功能及其本體。相宗把一切法的本體，叫做「法性」，一切法的相狀，叫做「法相」。本體的法性是不可說的，只能從法的相狀上即用顯體。心性無相，故無分別；心識有相，故有分別。佛教經論凡言無相無分別處，特名之曰心，言有相有分別者，特名之曰識，示之如圖：

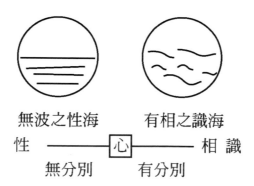

第六意識不依前五根，又沒有別的認識器官（浮塵根）爲其根器，而是依末那識爲根，末那就是他的根緣。但船山說第六意識「不緣根緣」，是錯的。故王注本說：「六識依末那起，即是其根，此誤」。第六意識不直接接觸外境，但不是「不緣境緣」。船山原文說：「不緣境緣」，王注本按：「識必依境起，

是決定義，六識正明法界為境，通以十八界為境，本書緊接『九緣』章即是其證，此誤」。

第七識所謂意志是識的業和自體。第六識是「依主」得名，從他所依第七識而來，是依主釋。所以第七識的意志、「意之識」與第六識的「意識」是截然不同的。船山先生把第六識解為「即意即識」，第七識解為「意之識也」，恰恰是把第六識的依主釋「意之識」顛倒為持業釋的「意即識」，而把第七識的持業釋「意即識」顛倒為依主釋「意之識」。故王注本把原文「意之識也」改作「意即識也」是對的。嶽麓書社本據王注本，將原注「染下應有污字」，「污」改為「淨」字，據下文「染淨依」，此說可從。

第七末那識具三緣才能生起。原文「不緣作意緣」，王注本按：「心起必依作意，是決定義。此識三緣的理由，是因為它既以第八識為所緣境，又以之為所依根（《唯識三十頌》說：「依彼轉緣彼」），根境合一，外加作意和種子，故止三緣。」此說甚是。第七識是依證第八識，又緣第八識，所以叫「依彼轉」、「轉緣彼」。這兩個「彼」字都是指的「第八識」；但前一個是「轉變」、「轉起」，後一個是「轉過來。」

第七識本來有十八個心所，但是它最貼身的就是四個「根本煩惱」：我癡、我見、我慢、我愛。第七識因為有了「我癡」，所以就會出現「我見」、「我慢」及「我愛」。這種「我執」根深蒂固，很難拔出。除了四個「根本煩惱」相應外，還有遍行五個，別境中「慧心所」一個，大隨煩惱八個。第七識的本性是恒審思量，它的行相也是思量，所以叫做「思量為性相」，其行相就是執著、分別。迷界的展開是以阿賴耶識為所依，根源就是末那識。所以原文說，第七識「全遮圓成無垢之全體，由此堅持之力，一切染品皆從此起」，這是正確的。但原文說，第七識「執八識一段靈光之體相為自內我」，這就是說，第七識的「見分」，是緣第八識的「相分」為自內我，這就違背相宗的說法了。相宗是講第七識的「見分」去緣第八識的「見分」為自內我。末那識是依第八識轉現而又以第八識為所緣的對象，《三十論頌》說：「依彼轉緣彼」，就是說明第七識所依、所緣的意義。末那是心識，屬能緣，其所緣唯一對象就是第八識，在未轉依前只是取第八識為所緣境而執為「我」。末那識依阿賴耶識轉，同時也緣阿賴耶識，這「緣」是觀察、分別、執取。印度護法大師說，末那是緣阿賴耶識的見分，就是緣第八識的自體作用，總執為我，「夫言我者，有作用相，見分受境，作用相顯似於我故；不緣餘識，

自證等用細難知故。夫言我者，是自在義，萬物與一切法爲所依。心所不然，不計爲我，唯心王是所依故。此第七識恒執爲自內我，非色等故，不執爲外我。」總之，末那識只是執著於第八識之見分爲我見、我的感受而已，不執著於其它識及外在於我的感受。

第七識的性質是「無記性」，因爲它被四個「根本煩惱」所覆蓋，所以又叫做「有覆無記」。無論第八識至何界，第七識都是一刻不離的。第七識要到阿羅漢位、滅盡定位和出世道位的時候，才滅了染污，才不執爲「我」、「常」、「遍」、「一」、「主宰」。

無論是有漏法、無漏法、心法、心所法、色法、善法、惡法，只要能夠生出現行果法來，都是「種子」，都藏在「阿賴耶」裏面。因爲它能含藏一切法的「種子」，所以叫做「能藏」。這能藏的名稱，是對種子說的，即是「持種義」。所藏的「藏」，是「覆藏」義，不是「含藏」義。因爲「含」是「包含」，「覆」是「蓋覆」，是「遮覆隱沒」的意思。就是說：「阿賴耶識」被「前七識」現行雜染法所薰習，所以前七識是「能薰」的，阿賴耶識是「被薰」的；前七識爲「能覆」，阿賴耶識是「所覆」。所藏的名稱，是對前七識而說的，即是受薰義。「執藏」是「我愛執藏」的簡稱。因爲「第七末那識」的「見分」，相應的我愛心所妄執「阿賴耶識」的「見分」，以爲它是「常」，是「遍」，是「一」，是「主宰」，妄執爲「我」，對於阿賴耶識妄生貪愛，「第七識」爲「能執」，「阿賴耶識」是「被執」，所以叫做「我愛執藏」。這我愛執藏的名稱，是就被第七識所執而說的，即是「被執義」。

「藏」的名稱有三個，本體沒有兩樣。「阿賴耶識」對種子說，叫「能藏」；對前七識說，叫「所藏」；若是對第七識說，就叫「執藏」。

第八識體相雖多，歸爲三種：（一）因相，就是一切種，能永恒執持產生世界一切事物的種子，成爲萬法的根本原因，又名一切種識。在凡夫位，一切雜染有漏的善惡、無記種子，都藏在第八識中。（二）果相，果相就是異熟識，「異熟」就是果報，「果相」就是「果報相」。指此識能按照前世所作善惡等行爲（業），引生後世的相應報應，保證精神主體的永恒相續，並以不同的形體和身份，生於特定的環境。（三）自相，指此識能執持諸法種子（能藏），受薰形成新種子（所藏），被第七識執爲自我（執藏），實即上述因相與果相的統一。此識由其前七識的雜染薰習構成「種子」，「薰習」爲因，「種子」爲「果」，種子又能生起前七識的雜染現行，此中「種子」爲「因」，

「現行」為「果」。這種互為因果，連續不斷的識體，使一般人認為它就是「內我」——「自我」（靈魂），這就叫做阿賴耶識的自相。所以第八識是物質世界和自身的本源，也是輪迴果報的精神主體和由世間證得涅槃的依據。《成唯識論》說：「無始時來界，一切法等依，由此有諸趣，及涅槃證得。」

第八識有三個名，合凡聖分三位；（一）我愛執藏現行位，就是在凡夫位時，阿賴耶就是「藏」識的意思；（二）善惡業果位，就是在三乘位時，第八識名毗播迦，就是「異熟」識的意思；（三）相續執持位：在如來位時，第八識名阿陀那，就是「執持」識的意思。這三位廣狹範圍不同：第一位最狹，單是凡夫有，不通聖人；第二位最廣，從凡夫至佛果皆有；第二位處中，除佛以外，凡夫、三乘菩薩皆有。

（二）萬法因緣而生

　　萬法因緣而生。認識的形成有其內外原因和根據（九緣）；因緣有遠近的四種區別。生命流轉的十二因緣，以貪愛、執取、造作為一切癡迷行為之因，因緣相續不斷，以阿賴耶識貫徹始終。

【原文 2】

九緣

　　「明」　日月鐙之光。眼不緣此，則色不別白，識亦不生。餘七識不緣此緣。

　　「空」　眼耳與境相去中間空處。若逼近無空，及中間障隔，則眼不能取色。耳雖不受中間障礙，而空能遠聞，以生其識。餘六識不緣此緣。

　　「根」　眼耳鼻舌身皆依根發識。其結成形體者為浮塵根。眼能見色，耳能聞聲，鼻能辨香，舌能知味，身能覺觸者，為勝用根〔1〕。餘三識不緣此緣。

　　「境」　色聲香味觸皆現在實境，前五所緣。法〔2〕乃過去五塵卸落影子，六識緣此境生，十八界〔3〕為境。七八二識〔下〕不緣此緣。

　　「作意緣」〔4〕　即八識心所〔5〕中作意品。有識則自然相應有此作意。前五待作意，識乃發生。若不作意，根雖映境而不與己相關，見如不見，乃至觸如不觸。第六以此機為意所自生。八識本其相應心所而作意，則識體〔6〕現。七識不緣此緣。

　　「分別依」　即第六識。前五與同時意識〔7〕和合，乃生可忻可拒之

見。六識即其現行〔8〕，非所緣。七八本無分別，不緣此緣。

「染淨依」　即第七識。染固爲染，此淨亦法執之淨，緣末那而成。前五有淨有染，皆緣此生。第六具諸染淨，皆此決志引爲自己現行。第七即其本體，不名爲緣。第八緣此而不受染，名曰根緣，不名染淨依，以無染無淨故。

「根本依」　即第八識。前六皆從此五遍行而生起，爲其根本所依。七識與第八互相爲根，非藉八識而有，名爲根緣，不名根本。第八乃其現行，非所緣。

「種子緣」〔9〕　八識皆有種子者，親生自類種子也。過去現行爲現在種子，現在現行爲未來種子。故眼恒見色，耳恒聞聲，各各稟成八種境界。

【注釋】

〔1〕勝用根：指人體內能攝取五塵影像、具有發識取境、了別實境功能作用的神經系統，又叫淨色根、正根。如眼神經、耳神經等。

〔2〕法：指事物。萬法，即一切事物。法又是對已經發生的事物的印象、概念，如同影子一樣，故曰「法乃過去五塵卸落影子」。

〔3〕十八界：指六根、六境和六識所展現和反映的外部世界以及對世界的看法。六根，即眼耳鼻舌身五根和第六意根；六境即色聲香味觸法六種外境及其印象；六識，即六根接觸外境和外境的印象所產生的認識。

〔4〕作意：指使心產生警覺並注意、留意等心理活動。《成唯識論》卷三：「謂此警覺應起心種，引令趣境，故名作意。」〔註1〕

〔5〕心所：指八識心王所具有的屬性。八識各自獨立去接觸不同的境界，產生不同的業果，其下繫屬叫做「心所」，又名「心所有法」，就是屬於心王所有、與心王相應的心理活動和精神現象。心所總共有五十一個，分爲六位：（1）遍行，普遍性的行爲；（2）別境，有特殊性的行爲；（3）善，作善事的行爲；（4）根本煩惱，產生嚴重後果的帶根本性的惡業；（5）隨煩惱，一般性的、附帶的惡業；（6）不定，未能判定善惡的行爲和業果。這六位中，遍行是第一位的，共有五個心所，即觸、作意、受（感受）、想（思想）、思（考慮、審察）。

〔6〕識體：即能產生認識作用的物質性載體。

〔7〕同時意識：指與前五識相應，並同時產生的意識作用。與獨頭意識相對。獨頭

意識為第六識在入定中顯現的意識。同時意識則是和與前五同時俱起的意識。

〔8〕現行：潛在功能變成現實叫現行。認識功能未生起，具有潛在性，叫種子。種子生長，就變現行，叫做識。所以識一名現行。

〔9〕種子緣：指產生、存儲種子和信息的內在根據、功能以及外部條件。

【今譯】

「明」，就是光線可見度，如日月燈光。眼離開它，就無法分辨，認識也無從產生。其它七個識都不需要這個條件。

「空」，是眼、耳與外境之間的空間距離。如果沒有一定的空間距離，或中間有障礙，眼睛就看不到顏色。耳朵雖然不受中間障礙，但在一定距離內，才能聽到遠處的聲音，產生聲音的認識，其餘六識不需此條件。

「根器」，是眼、耳、鼻、舌、身等五識所必須的條件。五識內依五根，有兩種，一種有一定的物質性結構，相當於感覺器官，另一種是精細的功能性器官，具備見色、聞聲、辨別香臭、品嘗味道、接觸外物等功能，相當於神經系統，叫淨色根（有純淨辨別作用的根器）、勝義根（有殊勝意義的根器）。六、七、八識不需要物質性的根器條件。

「境」，是色、聲、香、味、觸等五塵的現實境界，是前五識產生所必須的。現實事物的概念是過去或即將過去的事物的影像。第六意識就是反映這種印象、影像而產生的。六根、六塵和六識相緣契而呈現的外境名十八界。第七八兩識不需這些條件。

作意，是第八識所屬的有普遍性的五個心所中的著意、留意功能。有第八識就有著意這個功能。八識心王自然相應有此著意功能。前五識要認識清楚，非要著意不可。如果不著意，根器雖然反映外境，卻與己了不相關，見如未見，觸如未觸。第六意識就是著意接觸之後產生的功用。八識生起，都需要著意的條件。著意則認識的物質性器官的功能才能呈現。第七識則不需此條件（意志本身有此功能）。

分別，分別的功能就是意識所具有的。前五識接觸事物時的初步反映，不能立即意識到事物，必須依靠第六意識的分別、理解、推斷能力，才能明確地認識和瞭解事物。前五識與同時俱生的意識相配合，才能作出接受還是拒絕的正確判斷。分別、明瞭就是第六意識的現實呈現，不是它所依憑的條件。第七、第八識本無分別，也不需具分別的條件。

污染、淨化功能發生作用的條件和根據，就是第七識、意志。污染固然

是第七識的作用，破除執著而淨化，也靠意志的作用。前五識有淨化，也有污染，都依賴第七識的作用。第六意識的染與淨都靠意志的引發，帶動其呈現出來。第七識就是其內在的根據，不僅是一般的條件而已。第八根本識時常被第七識所執持，卻不受其污染，故曰本體，不名染淨的依憑，因爲它無淨、無染的緣故。

根本依，就是第八阿賴耶識，即本體。前六識都是根本識的呈現，是從第八識的種子轉生起來的。第八識是它們的根本依止處。第七識和第八識互爲其根，不是單憑根本識而起，是根本上密切相關的條件。種子就是各種知識的潛力，八識都有各自相應而生的種子、潛能。過去的潛能呈現爲現在的種子，現在的潛能爲未來的種子。所以眼睛恒常見到顏色，耳朵恒常聽聞聲音，各依自己的種子而呈現所反映的不同境界。

【評析】

「九緣」說明八識生起的根據和條件，包括光線明暗、認識器官和功能、外境、著意、分辨、染淨的價值判斷、意志、本體、存儲種子的能力等。

船山說六、七、八識不需要根緣，其實是不直接接觸外境，但仍需要根緣，只不過這種根緣不同於前五根的物質性器官（浮塵根），而是偏重於功能性的條件（勝義根、淨色根）。第六意識以末那識爲根，所緣的是現在、過去、未來的「法塵」（影像），以「法塵」爲境。因五俱意識與五塵同起落，所以「法塵」也包括前五塵的影像。第六意識就是緣法塵爲境而生。六識所緣的境名十八界，以六根爲內界，六塵爲外界，六識爲中界。十八界均可爲第六意識所緣之「法塵」，故均可爲「境緣」。船山此處所解與上章所說第六識「不緣境緣」矛盾。此處所說是。

第七識時常執著第八根本識爲我，而有「自我」觀念產生，叫做「我執」。其餘意識被它染污，也成了不淨的東西。如果遠離「我執」，精神得到淨化，其餘意識受其影響，也會得到淨化。意識的淨化，關鍵全在於第七識。

末那義爲思量。思量有執爲染，無執爲淨，所以稱爲染淨依。有漏叫末那，無漏亦叫末那，但後者須加「出世」二字，叫出世末那，以別於有漏。末那即是思量義，無漏位上名出世末那，難道也具思量嗎？這是因爲：（1）出世末那與平等性智相應，平等性智固無尋伺，然非無超過尋伺的思量，故仍可名之爲末那。（2）出世末那雖已遠離我法二執，而他還有二無我的如理

思量，所以仍可叫末那。王注本認爲「此淨亦法執之淨」句誤，因「淨末那乃出世末那，平等性智相應，更無有法執」，這個評論是正確的。

王注本認爲：「前六皆從此五遍行而生起」一句有誤，說「心所不能爲主，不能爲依，《成唯識論》已決定說。此爲船山創解，以下各處同，不更指出。」王說是。船山對唯識基本義解間或也有誤解之處。

阿賴耶中含藏一切法的種子，能起一切法的現行。種子現行之義，關係最重要。依唯識正理說，世間萬法，皆由種子起現行，現行生種子，如此因緣不亂，唯識理成。由此可判決許多邪見。如說上帝造萬物，就是種子起一切現行，因緣遂亂。依唯識理，上帝的種子，只能起上帝的現行，不能遍造萬物，萬物皆各由自己種子起現行而造之，不能被上帝造，因爲因緣不能雜亂。「種子依」又叫「因緣依」。原文「過去現行爲現在種子，現在現行爲未來種子」，王注本據唯識義將兩「爲」字改爲兩「熏成」字，即「過去現行熏成現在種子，現在現行熏成未來種子」。理由是：「本書21章『八識所熏四義』、22章『七識能熏四義』也承認種子從現行熏成，不說現行即爲種子」。王注在理，可加注而不改原文。

王恩洋《八識規矩頌釋論》中有簡述「九緣」的話，可作爲本章總結：「此中諸緣，根沒壞時，則識不起，故必有根。境不現前，識亦不起，故必有境。作意不起，識亦不生，故必有作意。識從自因生，故必有種子。第六意識設不起時，如悶絕等位，雖有外境，現前不知，故五識起必依六識。六依於七，七復依八，八復執持根身種子，故此展轉亦爲五依。故此七緣，隨缺一種，五識不生。眼耳二識，境與根離而後能取，故必有空。色待明顯，故眼識復加明也。此中種子是爲因緣，境界是爲所緣緣，自餘作意等一切爲增上緣。然此獨遺等無間緣，以即自識前聚爲開導依，令自聚無間識起，故略不說。理實四緣必備，識乃得生。故各加等無間緣，則爲十、九、八緣也」。

【原文3】

四緣

此四緣，八識皆具，即前九緣緣生之機用，合說其相緣有三種因法，而加等無間緣〔1〕爲生滅不停之因。

「親因緣」〔2〕 即九緣中種子，乃其自類相續親生此識之本因。若無

此緣，雖具後三緣，其識不生。如眼不聞聲，耳不見色等，非親因故。

「所緣緣」〔3〕 識本無境無量〔4〕，緣彼以爲境量，曰所緣。有此所緣，識乃成就，即九緣中之境緣也。前六緣色聲香味觸法，而生同異、成毀、總別、愛憎、取捨諸識，見緣相也。第七以八識相分〔5〕有所光明之體爲所緣之境量，第八以根身器界〔6〕爲可了之境，緣之而起遍行之心所。

「增上緣」〔7〕 謂明、空、根、作意、分別、染淨、根本七緣也。八位識中雖各有自類種子，不待增而自有其識，然必得此七緣爲之增長，其覺了精審之勝用，乃益成就善染諸心所，令具種種功過。如眼本辨色，若遇天日清朗，鐙燭輝煌，愈增詳察。餘識餘緣，例此可知。其作意緣，但能發起初念，無所增長，故不在此緣。

「等無間緣」 八識自類識中，前念方滅，後念即生，謂之無間。然必待前念之滅，後念即生，各各相等相待，如瀑流之前波去而後後波乘之，無一刹那間兩念並存之理。前念已往，空其位以待後念，後念即躡次而發，無刹那之間隙，乃至三有身〔8〕生生死死分段、變易〔9〕，必滅此乃生彼，滅此則必生彼，皆等無間也。此緣在九緣之外別有一緣，由有前故有後，前滅故後生；生滅之門，惟識之宗〔10〕也。八識皆有，故曰：「若加等無間，從頭各增一」，眼十，耳九，鼻舌身八，意六，末那四，阿賴耶五。

【注釋】

〔1〕等無間緣：指前後兩念相續無間，力用齊等，相互助益，稱爲等無間緣。

〔2〕親因緣：依靠自身力量產生作用，成爲自身主要的、唯一的根據的原因，叫親因緣。唯識學上叫做「親辦自果」。

〔3〕所緣緣：指意識所反映的對象（內心的非外界的）。意識反映對象時，如果主客體是直接的接觸，中間沒有任何媒介，那對象就叫親所緣緣；如果中間有媒介，主客體不能直接接觸，那對象就叫疏所緣緣。

〔4〕無境無量：境，指境相。量，指量知其自相，即概念。唯識宗把能緣慮的本體稱爲心，所緣慮的對象稱爲境相，反映其境相的概念、名相，就叫量。境相是所緣的對象，量度是能緣。離開境相和量度，就無所謂境量，也就無所謂認識。

〔5〕相分：指識中所顯諸法之相，即認識的對象。見分，指具有審慮、推求、抉擇事理的能力，即認識的主體。如第八識相應的作意、想、思爲見分，所觸受的

四大、六塵爲相分。

〔6〕根身器界：根身，指人的身體。器世間，指人世間，又名器界。

〔7〕增上緣：指借助色心諸法相互影響而產生的輔助、增強的力量。

〔8〕三有身：指眾生因造種種業，生命存在相因相續的前有、中有、後有三個階段，又稱三陰身。前有身是壽命臨終之時神識尚在的形態。中有身是生命終結後神識脫離肉體等待託生時的形態。後有身是神識遇見一隙之光，重新投胎而生時的生命形態。《成唯識論》卷八口：「如取爲緣有漏業因，續後有者而生三有。如是無明瞀地爲緣無漏業因，有阿羅漢、獨覺已得自在菩薩，生三種意成身，亦名變化身，無漏定力轉，令異本如變化故。」〔註2〕

〔9〕分段、變易：指分段生死和變易生死。眾生在前有、中有、後有中輪迴生死，即分段生死。菩薩此生果報已盡，淨行成熟，隨緣變現而住，不再墮入輪迴，稱爲變易生死。《成唯識論》卷八曰：「身命短長隨因緣力有定齊限，故名分段。……由悲願力，改轉身命無定齊限，故名變易。」〔註3〕

〔10〕生滅之門，唯識之宗：生滅，指墮於生死輪迴和還滅超脫生死兩條根本个同的門徑。宗，指綱領、宗旨。此指《大乘起信論》「一心開二門」的理論，是唯識宗所闡釋的眾生墮於生死輪迴，抑或超越煩惱、趨向解脫的修持法門的根本依據。

【今譯】

這裡所說的四緣，是八識普遍具有的屬性，也是前述認識產生的九種條件和依據的效用的體現。其中，直接因緣、間接所緣、增上因緣，加上相續無間斷的緣因，成爲生死輪迴不斷的四種原因。

親因緣，就是九緣中的種子緣，是依靠自身力量產生作用，成爲自身主要的根據和原因。假使沒有此條件，僅有後三個條件，那麼與自身密切關係的認識就不會產生。好比眼看不見顏色，耳朵聽不到聲音，原因就在於不是依靠親身直接體認。

所緣緣，識自身本來是無外境，也無思量計度者的，因爲與外物接觸、聯繫，才有相應的境界和思量計度者，稱爲所緣；有所接觸、聯繫，認識才能生成。所緣就是所接觸、聯繫的外境條件。前六識所接觸、聯繫的是色聲香味觸法六種對象或其印象，從而產生事物相同與區別、成就與毀壞、總體

〔註2〕 參韓廷傑《成唯識論校釋》，卷八，中華書局1998年版，第560頁。
〔註3〕 參《成唯識論校釋》，卷八，第559～560頁。

與個別、愛與憎、可取與不可取等各種認識和判斷。諸法相狀靠審慮、抉擇才能顯現。第七識是以第八識審慮、抉擇的相狀所具有的光明清淨體性為所依憑的境界和識量。第八識是以各種不同根器的眾生世間和人世間作為可以了別的對象，並依憑它們而普遍顯現各種認識功能和境界。

增上緣，指光線明暗、空間距離、認識器官和功能、著意、分辨、價值判斷、本體等條件。八識中雖然各識都有與自己本身一類的種子，不需強化而能產生自己的認識，但不依靠這些條件的強化作用，它的精審殊勝作用、揚善袪惡等功能就無法發揮。好比眼睛本來有識別顏色的作用，遇到天空晴朗，燈燭輝煌，自然更能明察秋毫。其餘各識、各種條件，例此可知。著意的條件，主要是發起初心、願力，不必考慮強化，所以不考慮此增上的因緣。

等無間緣，八識中，有一種與自身密切相關的認識，前一念剛滅，後一念接著產生，沒有剎那的間隔，稱為無間斷的因緣。但必定要前一念滅了，後念才能產生，各各相互等待，如同瀑布一樣，前一波瀉下，後一波再接著傾瀉，沒有剎那間兩個念頭並存的道理。前念已逝去，空出其位置才能接納後念，後念順次接續產生，沒有剎那空隙。乃至臨終時的前有身、中有身和後有身，在眾生生命延續的過程和菩薩超脫生死的過程中，都是先滅於此而後生於彼，這個生死輪迴與還滅超脫截然不同的門徑，就是唯識學綱宗之所在。這種相續等待、不間斷的條件，八識都需要。所以說：「若加等無間，從頭各增一」，即原來眼識的九緣變十緣，耳識變九緣，鼻舌身八緣，意識六緣，末那識四緣，阿賴耶識五緣。

【評析】

「四緣」章是從功能角度分析認識產生的根據與條件。這四種就是親因緣、所緣緣、增上緣、等無間緣。四緣又可歸為兩種：內因為親因緣；外因為所緣緣、增上緣、等無間緣。

法相宗認為，物質和精神（色法和心法）的生起，必定要以因緣為根據，輔以其它條件，用此說明自然界和人類社會相互依存、相互制約的關係。從唯識學來說，只要是「有為法」有現行的東西，就必有它的「種子」。沒有種子，不會有現行。所說四緣，八個識都具有，是從八識緣生的根本上說的。上章所說九緣八識也都具有，但多少不盡相同，是從八識緣生的機用上說的。九緣實際也是四緣的具體應用和表現形式。綜合來說，內外因結合、根據和

條件齊備，就能明瞭八識生滅不停的因果關係和規律。

因緣的本體有兩種：1、種子（潛力）；2、現行（現實）。種子具備各種條件時，就能發生現實作用。人們日常見聞覺知有強盛勢力的現實事物，其名言概念都可以留印象在人們的根本意識上，而成為一種潛在能力即種子。由種子出生現行，和由種子出生種子，是因緣；由現行熏生種子，也是因緣。因緣是一切物質和精神生起的主要根據，但因緣單獨不能生起，必須依仗其它外緣，會合等無間緣、所緣緣、增上緣等，認識才可以產生。

一切萬法的生起，必須藉著一定的外緣相助。而心法對於所緣境界的外助關係，便謂之所緣緣。所緣緣就是意識所反映、認識的對象。一切萬法都可以作為心識的對象。色法固然是所緣緣，心法和非色非心法也可以做所緣緣；現在法固然是所緣緣，過去法和未來法也可以做所緣緣；有為法固然是所緣緣，無為法也可以做所緣緣。進一步說，一切萬法在還沒有作為心識的對象時，仍然可以稱為所緣緣，因為他們在一切時都是潛在緣，猶如薪柴在不燃燒時也可稱為燃料。

講所緣必定有能緣，能緣需先有所緣而後有，先有物體而後才有鑒照物體的能力、識別力。「所緣緣」是心王、心所所具有的。至於色法，因為它本身沒有能緣的作用，所以用不着所緣緣。八識心王和心所的思量抉擇，與各自的影像相結合，才可以叫做所緣緣。

認識是對外境的抽象，本身是無外境、無思量計度的，必須憑藉內外的根據和條件，去接觸外境，加以審思、量度，才能使認識生起。華嚴宗講同異、總別、成毀「六相圓融」，即說法界生命現象和認識現象既有同一性，又有差別性；既有共性，又有個性；即有成就，也有毀壞，是因緣和合而生起，既互相排斥、對立，又相融互具。「六相圓融」，既表現在外界現象上，也表現在「愛憎取捨」等內在心理現象和價值判斷上。前六識以六塵為所緣。第七識以第八識的見分為所緣，船山原文說：「第七以八識相分有所光明之體，為所緣之境量」，說第七識以第八識的相分為所緣境，這不合唯識學原義。王注本認為：此「與相宗諸論不合，但既成了船山本書的一貫主張，因此不改」。原文「有所」改為「所有」，是對的，如前議，可以不改。

增上緣，分積極、消極兩種。就積極方面說，一切萬法都有一種影響他人的力量，可以助他人生起認識。就消極方面說，這一法對於另一法雖然沒

有確定的影響，或沒有發出助人生起的力量，但他只要不做那另一法生起的障礙，也就是增上緣。可見增上緣有很大的勢用，除他本身外，對其它一切事物可起兩種相反的作用；一種是幫助別的事物令其生起，叫順益作用；一種是障礙別的事物，令其不能生起，或者生起後使他破滅，叫逆損作用。增上緣的範圍極廣，通用於一切事物。從廣義說，凡具有逆損和順益作用的東西都屬「增上緣」。

八識各有自類種子，具有生發認識的因緣，故「不待增而自有其識」，然必得各識所有具緣為增上緣，才能通過各自的心所發揮其覺了分別的功能，作成善惡、淨染等功用。

等無間緣的作用也有兩種：一是開避，從消極方面說，前念滅時，讓出他的位置，於是後念始生。譬如二人同行，前人不進，後人也不能進；二是引導，從積極方面說，前念滅時，留下他的潛在能力，招引後念，以繼續因襲其活動。譬如說二人探險，前人安全地前進了一步，後人便襲得他這一步的成功。

等無間緣是「兩法相讓成緣」，在兩念相隨中間不留下間隙。「等」是等候、相隨，兩法必須相等候且有相似之處，因為一切事物各有其軌則，凡不相似的便無法相隨、相讓了。

人的生命現象，是生死相續，方生方死，方死方生，生生死死，流轉不停的。生死有兩種：一種是凡夫的分段生死，一種是菩薩的變易生死。凡夫在分段生死過程中，每一階段都有「三有身」，詳見下「三有身」章。三界的生死都是相續不斷、流轉不停的。佛法用緣起法說明萬事萬物的普遍聯繫和流轉相續。《阿含經》說：「我今當說緣起法，謂此有故彼有，此無故彼無，謂無明緣行，行緣識，如是乃至純大苦聚集；此無故彼無，此滅故彼滅，謂無明滅則行火，行滅則識滅，如是乃至純大苦聚滅。」這就是「此故彼」的公式，也就是「必滅此乃生彼，滅此則必生彼」。這種生死相續的現象，船山認為也是等無間緣。等無間緣是上章所說「九緣」外的一個緣。因為此緣是有前有後，前滅後生，前後相續，中無間隔，說明「流轉」、「還滅」二門生滅之行相。而洞察此生死相續、生滅不斷之原因，即後「迷悟二門」章所說轉迷為悟的關鍵，所以說「二門皆盡唯識宗旨」，即揭示唯識宗之綱要。

【原文4】

十二支（自注：一曰十二因緣）〔1〕

因緣者，因此而緣於彼。此與「九緣」、「四緣」之緣，文同義別。緣謂相循不捨，此通序一期生死〔2〕，相緣而起。

「無明緣行」〔3〕「行緣識」〔4〕　無明，即七識之有覆（惟）性〔5〕也。行，七識之別境之慧〔6〕，生起四惑及前六一切心所，成種種現行煩惱也。此二屬過去支〔7〕，因前生爲無明所障蔽，結成現行；因此現行薰習執爲自內我體〔8〕，遂生起不斷之阿賴耶識。在前有已滅，中有身中此識不滅，以成後有之主公識〔註4〕，八識也。

「識緣名色」　名色，五蘊〔9〕也。名者，受想行識，色即色蘊。因過去之識執持〔10〕不滅，緣附父精母血，結成五蘊，取胎中之形，謂之色；色中即含藏受想行識種子，以其未有發見之實，故謂之名。此中無思無爲，自然分別，故搏合而成五根，玲瓏巧妙，成浮塵色，具勝用根，皆是識神〔11〕在內變化，成其質性，爲有生後受想行識之蘊。又云「識緣名色，名色緣識」者，則以既有色，還復生起後有中含藏之識，則名色又緣附於識也。識緣名色者，過去之識緣後有之名色；名色緣識者，名色復緣現在、未來之識也。

「名色緣六入〔12〕」　入色聲香味觸法也。有此色受想行識之蘊，自然緣彼六處〔13〕而與相入。

「六入緣觸」　既入於六塵〔14〕，則五蘊與彼六處相遇而觸，覺彼六塵明暗、喧寂、香臭、甘苦、冷暖、違順等相矣。

「觸緣受」　既與相觸而覺其有，則眼受色，耳受聲，鼻受香，舌受味，身受觸，意受法，引彼塵而歸我根，還與領納〔15〕而生喜樂憂苦捨諸受相。

「受緣愛」　受之則趨喜避憂，厭苦欣樂，於可喜樂生其耽愛〔16〕。

「愛緣取」　愛色則取色，乃至愛是法則取是法。

「取緣有」　既取外塵爲己受用，遂以長養六根，增益六識，以執持七八二識，有之不離。

「有緣生」　生謂一期壽命中成種種業，作生死相，據現在未滅者爲

〔註4〕原注：「識」下應有「第」字。

生，盡其壽命。

「生緣老死」　一朝之報將終，生還衰滅以至於死。若其實相，則剎那不停，方生方死，過去一剎那死，現在一剎那生；未來一剎那已生，現在一剎那又死，如鐙赴焰，焰增油減，至滅乃休。

自名色以下皆現在支，而愛、取、有三支，爲「無明行識」之因，結成未來八識種子，循環生死之中，無有休息；皆此十二有支相緣不捨，唯一阿賴耶識貫徹始終也。（自注：有謂中有、後有；支者，一期生死中之支派）

【注釋】

〔1〕十二支指有情生命生死相續的十二種密切聯繫，謂之十二因緣。又有十二緣起、十二緣門、十二牽連、十二重城、十二棘圍、十二輪等名稱，是佛教大小乘、顯密教對有情生命相續共同的因緣觀，特別是小乘緣覺乘修行的重要法門。

〔2〕一期生死：指有情生命在一個階段中相緣而起的因果聯繫。佛教說有情生命有三世因果關係，不是突然而有，也不是一死完事，而是某一階段的現起與消散，在另一階段又開始新的生死相續的過程。

〔3〕無明緣行：無明指過去世無始以來因爲不明事理而不斷延續的煩惱。行：指依過去世的煩惱所作的善惡行爲和業果。無明緣行，是說一切善惡行爲和果報都是由過去無始以來的無知、煩惱所造成的。

〔4〕行緣識：識，指意念、認識。行緣識，即過去、前世之行爲和業果產生現世受胎的一念，乃至影響其餘的認識。

〔5〕有覆性：覆，隱覆、遮蔽。有覆性，即煩惱隱覆、遮蔽聖道。惟，原衍。

〔6〕別境之慧：別境，指個別的情境。《大乘廣五蘊論》說：「云何慧？謂即於彼擇法爲性，……斷疑爲業。慧能簡擇，於諸法中得決定故。」慧：指分別通達事理和抉擇疑念的精神作用。〔註5〕別境之慧，指對某種特殊情形下產生的煩惱的抉擇、判斷的精神作用。

〔7〕過去支：支，一期生命的一個支派、階段。過去支，指輪迴的前一階段。

〔8〕自內我體：自己親自證悟的體相。

〔9〕五蘊：指色（物質）、受（感受）、想（思維）、行（行爲）、識（認識），指有情生命所生存的物質世界和精神世界。

〔10〕執持：執著、保持。

〔註5〕韓廷傑《成唯識論校釋》卷四，中華書局1998年版，第297頁。

〔11〕識神：指第八識能持續、普遍地在不同時空中產生色、受、想、行、識的神奇
　　　功能，如同實體性的命根一樣。實際上，這種實體性的識神離開色身也不能存
　　　在，然而由於業力的牽引，不妨假設它是實體性的存在物。《成唯識論》卷一
　　　曰：「又先已成色不離識，應此離識無別命根。又若命根異識實有，應如受等，
　　　非實命根。……此識足為界趣生體，是遍恒續異熟果故，無勞別執有實命根。
　　　然依親生此識種子，由業所引功能差別住時決定，假立命根。」〔註6〕

〔12〕名色緣六入：名色，指胎中身心發育之實體及其功能，包括眼、耳、鼻、舌、
　　　身五根等有質礙之實體及受、想、行、識等功能。六入即六境。六根與六境結
　　　合，是產生六識的根據。也就是說，六識是六根等認識實體的功能與其特定的
　　　認識對象（色、聲、香、味、觸、法）密切聯繫，又都由前世識神之受、想、
　　　行、識作用蘊含和引發的。

〔13〕六處：即眼、耳、鼻、舌、身、意六根。

〔14〕六塵：六塵即六境，以其能調六根而污染淨心，故謂之塵。

〔15〕領納：指領會、接納。

〔16〕耽愛：深愛、溺愛。

【今譯】

十二因緣

　　因緣，就是從此原因而起，又與其它條件密切關聯。這裡，關聯與九緣、
四緣作為根據和條件的「緣」，文字相同，意義是有區別的。這裡的因緣指在
一個個生命存在形態及其輪迴的不同階段中都相續不斷、相因而起的十二個
密切關係。

　　無明接續行，行接續識。無明指不明事理和對認識的執著、蓋覆、污染
的特性，是過去世產生的煩惱。行，是依過去世的煩惱所作的各種善惡行為，
產生四種根本迷惑和前六識一切業果，成為現世的種種煩惱。這兩種因緣屬
於過去世所生成的，因為前世被無明所障蔽，結成今世現實的苦果。因此現
實業種的薰習，被執著為自我所內證的體性，隨即不斷產生儲存種子的阿賴
耶識，又稱為神識。在命終前認識即停止，中陰身階段神識不滅，遂成為後
有階段輪迴超生的主體。

　　神識接續、引發新的名色。名色即是五蘊，包括對事物的感受、思維、

〔註6〕《成唯識論》卷一，見《成唯識論校釋》，第62頁。

作業、認識和物質性的色身。因神識的傳持不斷，遇父精母血交合的因緣，遂結成新的五蘊之身，在母胎中發育成形，叫做色；色身中含藏前世的受、想、行、識的種子，因種子尚未變成現實，故稱為名。胎兒開始時無思無為，慢慢結合、發育而成眼、耳、鼻、舌、身五根，其玲瓏巧妙等功能自然形成，成為具有感受、思想、行業、認識等殊勝功能的物質性色身，都是神識內在起作用而成就其質性，成為後續的受、想、行、識的基礎。所謂「識緣名色，名色緣識，」是說前世色身生起後繼之身的神識，此識又成為後起名色依附的主體。過去的神識傳持、引發後有的五根等名色，後有的五根等名色又接續、引發現在、將來的神識。

「名色緣六入」。入，即入於色、聲、香、味、觸、法六種認識對象。由於色、受、想、行、識五蘊的引發，六根等物質實體及其功能與特定的六境密切聯繫，必然產生眼耳鼻舌身意六種認識。

「六入緣觸」，眾生出胎後初步與外物相接觸，對明暗、動靜、氣味、味道、冷暖、事情的順逆作出初步的了別與判斷。

「觸緣受」，至六七歲時，對於境緣的顏色、聲音、香氣、味道、接觸及感受有一定的意識，以為世界是為我而存在的，並對境緣產生不同的感受（欣喜、快樂、憂愁、苦痛、捨棄等）。

「受緣愛」，十四五歲後種種強盛的愛欲，能趨向喜悅、歡樂，厭棄痛苦和憂愁，甚至沉湎其中而不肯捨棄。

「愛緣取」，愛欲旺盛，則對愛戀的對象孜孜以求，乃至對其執持不放。

「取緣有」，因取著、執持外物為己所用，而不斷生起對事物了別、決斷的意識，形成恒審思量的末那識，進而污染含藏種子的阿賴耶識，不斷作出業障（即有業）來。

「有緣生」，由於有種種業障，在一期生命的生死輪迴中產生果報，在其有生之年乃至投生下一期生命，都產生作用。

「生緣老死」，一旦生命結束，前世之果報將盡，乃至老死，其實質性的本體，卻輪轉不止，方生方死，過去一剎那剛死去，現在一剎那馬上接著生；將來一剎那既生，現在一剎那隨即逝去。好比油燈上的火焰，火焰一產生，燈油即不斷衰減，直至油乾火滅才罷休。

十二因緣中名色到老死九個因緣，屬於現世階段；而其中愛戀、取著、造業三個因緣，是形成來世無明、煩惱、善惡行業，結成未來第八識中的種

子乃至轉生投胎的原因：如此流轉不息，貫徹三世輪迴的始終，十二因緣相續不捨，都是阿賴耶識爲根本所造成的。

【評析】

「十二支」章是講有情生命的因果關係，也是一切眾生輪迴流轉、生死相續的因緣法則。這種因緣關係，分爲十二分支，有很多名義，如十二有支、十二緣起、十二緣門、十二牽連、十二重城、十二棘圍、十二輪等，單名因緣觀、支佛觀等。這是佛教大小乘、顯密教對有情生命相續共同的因緣觀，特別是小乘緣覺乘修行的重要法門。

佛法認爲，一切事物都是因緣而生的。不論是自然界，還是內在的生命界，法法都是緣起的，離開緣起，沒有一法可得。正因爲宇宙萬物的生起，不是獨自而生，不是單獨依他而生，不是共生，不是無因生，也不是自然生或偶然生，而是隨因緣而生滅。有情生命的因果鏈條，是相續不斷的循環圈，組成生命運轉的「十二輪」。

佛法講諸法緣起的基本理論是：「此有故彼有，此生故彼生，此無故彼無，此滅故彼滅。」佛家把「此故彼」概括爲「緣起論」的公式。此與彼，泛指因與果。諸法的生起，沒有一法是無因或偶然的，必須在此因彼果的相對關係下，方可說它的存在和生起。無對有，滅對生，有必歸於無，生必歸於滅。從十二因緣來說，行是因無明而有、而生的，它的滅、無，還是因無明而滅、無。諸法的還無與消滅，儼然也是「此故彼」的緣起關係。「此有故彼有，此無故彼無」是同時互存的因果律；「此生故彼生，此滅故彼滅」，是異時的因果律。異時的因果，以前行爲因後續爲果；同時的因果，以主觀念爲因，從觀念爲果。人們在時間上逃不出異時因果律，在空間上逃不出同時因果律。

正因爲緣起的關係是「此故彼」，所以因緣是有情生命的因果關係，與前兩章「九緣」、「四緣」講八識生起的根據與條件是不同的。前講的「緣」，主要是「依他而起」，此講的「緣」，主要是「相循不捨」，也就是「循環不已」，所以說是「文同而義別」。此章通講有情生命在一輪循環中的十二階段，有生有死，故稱「相緣而起」的因果關係。

佛在世時，印度有兩種關於人生來源與歸宿的學說，一種是婆羅門教，認爲宇宙間存在著一種永恆不滅之「因」，生物界特別是人，是爲此「因」邏輯地轉變而成，如說人由梵天而來，是「神我」的轉化，謂爲「轉變說」。

另一種是六師（六派哲學論師），認為人是物質原素積聚而成，如說人由水或由氣組成，謂為「積聚說」。前說是引起常見、有見、生見等生命永恆存在說的基礎，後說是引起斷見、無見、滅見等生命斷滅說的基礎。這些相對立的觀點——生滅、有無、常斷、一異等，是當時最熱門的哲學話題，佛陀針對這些問題，提出「緣起」學說，反對宇宙有「第一因」。

人類對人生的看法，有三種理論。一種是「一世論」，著眼於物質界，以物質世界為唯一真實，人之一生為父母交合與生理發育的結果，死也只是生理組織的瓦解，這一世死了也就了結完事。第二種是「二世論」，多神教和一神教都有此看法，認為人死後，還有未來，相信有一個獨立的自我或靈魂。如天主教所說「末日審判」，人死後，有個未來的二世，或墮地獄，或生天國。第三種是「三世論」，這是印度一些宗教的特色，認為人生有過去、現在、未來三世。而佛教說三世因果又最為究竟。人類與一切有情，都是無限生命的延續，不是神造的，也不是單純的物質組成的，不是突然而有的，也不是一死完事的。生與死，如流水一樣，激起層層波浪，只是某一階段、某一活動的現起與消散。

以上所說「緣起」論與「三世因果」論都是十二因緣觀的基本理論。

十二支排列於下：

無明——行——識——名色——六入——觸——受——愛——取——有——生——老死。

「無明緣行」，「行緣識」，是眾生三世輪迴的最初兩個環節。無明就是過去世無始之愚癡。行就是依過去世的愚癡所作的善惡行業。過去世的愚癡和行業，緣於第七末那識的惑障隱覆聖道，即第七識的有覆性。由此有覆性而生起第七識的各別境界，形成我癡、我見、我慢、我愛四煩惱，以及前六識的各種心法（如貪、癡），形成種種現實的煩惱。這兩個環節，屬於前世的宿業薰染而成。由於末那不斷執著、恒審思量，使這些宿習成為自己證得之體相（「自內我」），成為含藏一切善惡的種子——即第八阿賴耶識。末那識在前有身已消滅，在中有身中不滅，在後有身中也存在，並且不斷通過第八識的能藏、所藏、執藏而起作用。王恩洋說：「船山以無明為七識之有覆性，行為七識之別境之慧，生起四惑等，均與相宗本義不合。無明是迷於異熟果而發起行業的『愚癡』。行是福、非福、不動的三種業，而不是煩惱。無明和行均在第六意識而與第七識無幹」。王說可從。

　　過去的識神攀緣，引起後有的五根等名色，後有的五根等名色又攀緣、引發現在、將來的識神。眼、耳、鼻、舌、身、意六種認識功能與其特定的認識對象（色、聲、香、味、觸、法）密切聯繫，又都由前世識神之色、受、想、行、識作用蘊含和引發。此為三世輪迴的第三、四環節。眾生出胎後與境緣接觸，形成初步之感覺、印象，為三世輪迴的第五環節。色、受、想、行、識五蘊之實體及其功能與六根相遇，就能對六境、六塵有一定的感覺、印象，並對光線的明暗、境緣的動靜、氣味的香臭、味道的酸辣、大氣的冷暖、事情的順逆作出初步了別與判斷。至六七歲時，對於境緣有一定的感受，為三世輪迴之第六環節。這時，由於與境緣的接觸增多，眾生即感受到世界似乎是存有的，因而產生對不同境緣欣喜、快樂、憂愁、苦痛、捨棄等不同感受。十四五歲後生起種種強盛的愛欲，為眾生三世輪迴的第七環節。此時對於境緣的感受，能趨向喜悅、歡樂，厭棄痛苦和憂愁，沉湎於所欣喜之物而不捨。眾生成長之後，愛欲旺盛，不僅趨向喜樂，而且孜孜以求，為三世輪迴之第八環節。眾生因愛戀、取著之煩惱而作種種業，招致來世之果報，為三世輪迴之第九環節。由於對境緣，外塵的執著追求，因而不斷生起對事物的了別和決斷，並執持不捨，形成恒審思量的第七末那識，進而污染含藏種子的阿賴耶識，不斷作出業障來。眾生作種種業障，產生來世之果報，為三世輪迴的第十環節。眾生作種種業，以為在其有生之年，盡其天職，實則成為來世果報的因緣，為生死相續、輪迴不斷的基礎。年老壽終之時，前世之報將盡，將轉生來世，進入新的生死輪迴，是三世輪迴的第十一環節。從人的生命力來說，年老體衰，至死而滅盡無餘；而從萬有之本體——實相而言，則如莊子所說，是方生方死，方死方生，佛家叫做過去一剎那死，現在一剎那生；將來一剎那生，現在一剎那又死。簡言之，人的生命有限，真如法性作為萬有的本體是無生滅的。其種子含藏於第八識中，流轉不息，貫穿三世輪迴的始終。所以十二因緣以無明、行等作為五蘊之身生存的因緣，以愛、取、有等為流轉生死的根本。

（三）判斷眞僞、善惡的標準及其性質

認識所現的眞實境界；現量實證是檢驗認識眞理性的根本標準，邏輯推理和佛言量也是檢驗眞理的重要標準；認識的價值判斷；認識主體的不同性質和特點。

【原文5】

三境〔1〕

境者，識中所現之境界也。境本外境之名，此所言境，乃識中覺了能知之內境，與外境相映對立所含藏之體相〔2〕也。

「性境」〔3〕　性，實也。所見所知者，於地水火風、色香味觸既所實有，識所明瞭宛然之境界，亦是如實而知，非情計所測度安立，不必實然之境。前五見色果色，聞聲果聲，知香本香，知味果味，覺觸果觸，不緣比擬，定非謬妄，純是此境。第六依前五隨色聲等起如實法，不待立名思義自爾分別者，其一分性境也。七識妄攬八識爲自內我，立八識相分爲境，非其眞實，故不具此境。第八本如來藏，無有境界，橫爲末那所執，而成見相二分，雖緣根身器界以爲性境，而本無其境，故《頌》〔4〕中於八識不言何境。

「帶質境」〔5〕　因四大五塵之質帶起，立此一境，是執著相分而生其見分，謂之假，則有質可帶；謂之眞，則本性實法所無，一切顛倒迷妄皆此境所爲，恃其有質，信可愛取，挾質妄行，堅不可破。此境前五所無，不於聲色等起意計〔6〕故。第六爲似帶質〔7〕，以意緣前五卸落影子之法塵，於聲色等立可忻可拒之相，其實彼質不爲吾意所帶動，如蝶戀花，花終不戀蝶，故曰似帶質。第七爲眞帶質〔8〕，八識本無區宇之質，第七帶起而據

爲自內我，第八即爲所帶動而成一可據之境，流轉生死中，爲自境界，故曰眞帶質。八識雖有五心所，而不挾帶外境之質爲其見分，故不具此境。

「獨影境」[9]　全不因實有而立其境，獨有其影，了無實用。此境唯第六有之。前五有實境則如實而知，非影也。第七本無自體，如本無鏡，不得有影，所執乃第八實有之相分，非影也。唯第六一識，於前五過去色聲等，形去影留，忽作憶念，宛在心目之間，此名有質獨影[10]。又或因名言配合，安立境界，如想兔有角，便儼然一戴角之兔，可說可畫，此名無質獨影[11]，一半似眞，一半是妄。

性境，實性[12]所生；帶質，遍計性[13]所生；獨影，依他起性[14]所生。獨影雖非眞實，然不於境中橫生意計，執爲自性，亦不強物從己，堅立崖岸，如鏡中見影，可即影而知形，必不向影而求其言笑，若於此一著妄計，則即落帶質矣。故六識通三性[15]，因性生影，因影生帶質也。

【注釋】

〔1〕三境：境，指認識所顯現的境界，包括性境、帶質境，獨影境。與外境相映對的內境體相有眞實如如的反映，也有似眞似假、虛幻不實的，因而有性境、帶質境、獨影境之別。

〔2〕體相：體，指實體、實質。相，指相狀。體相，即與實體、實質相聯繫的相狀。《成唯識論》卷一說：「許此三事體相各別，如何和合共成一相？不應合時變爲一相，與未合時體無別故。」[註1]人們對體相妄加分別，往往只能瞭解依他起性和遍計所執性，而不能達到如實的認識。

〔3〕性境：即認識所顯現的眞實境界。

〔4〕《頌》：即世親造《唯識三十論》，玄奘譯，原論爲頌文，無長行，實爲《唯識三十頌》簡稱。

〔5〕帶質境：質指本質、實質性的認識。帶質境是認識中所顯現的眞假摻雜的一種境界。

〔6〕意計：即有意、算計，不是如實反映。

〔7〕似帶質：指近似地挾帶眞妄的認識境界。

〔8〕眞帶質：眞實地反映眞妄相雜的認識境界。

〔9〕獨影境：獨，即獨自。影，影像、影子。獨影境是人的認識中獨自顯現的虛幻

〔註1〕見韓廷傑《成唯識論校釋》，中華書局1998年版，第23頁。

不實的境界。

〔10〕有質獨影：第六識對於過去之五塵有記憶、思慮、了別的作用，使過去之境宛然現前，叫有質獨影。

〔11〕無質獨影：對於過去五塵既無記憶，而憑想像，執妄爲眞，叫無質獨影。

〔12〕實性：指眞實具有的本性。諸法眞實的體性，又名眞如、實相、法界、法性。這裡指圓成實性。

〔13〕遍計性：即遍計所執性，指普遍計度、執著虛妄分別以爲眞實的認識。《成唯識論》卷八：「諸聖教說虛妄分別是依他起，二取（能取、所取）名爲遍計所執。……遍計所執體非有故。」〔註2〕

〔14〕依他起性：指依賴他種因緣，採用類比、推理方法來量知事物自相所取得的認識。依他起性所生的獨影境雖不眞實，但在一定範圍內作爲明瞭、知覺事物的相狀的參考也未嘗不可，如果執著地作爲自己的眞實本性，那就如同帶質境一樣，似是而非了。《成唯識論》卷二：「諸心、心所依他起故，亦如幻事，非眞實有。爲遣妄執心心所外實有境故，說唯有識。」〔註3〕

〔15〕六識通三性：指第六意識通於圓成實、遍計所執、依他起三性，既有一分如實反映眞實本性，也帶有似是而非或完全虛妄的性質。

【今譯】

三境章　境，是認識所顯現的境界。境，一般指認識所對的外物。這裡所說的境，指覺了、能知所顯現的內在境界，是與外境相映對的內在體性的反映。

性境，性指實在本性。認識所反映的地水火風、色香味觸境界，是實在的存有，所反映的內在本性也是如實而知的，不是純粹從情感出發而妄加推測、人爲地造作，沒有實在性的東西。前五識見色現色，聽到聲音即現聲音，聞到香味即是香味，嘗到味道果然是此味道，覺察到接觸的東西不會是虛妄的，這些都不用比擬、推理，一定不會是謬誤，純是眞實的境界。第六識依據前五識所直觀的對象如實反映，不需要等成立名言概念再作分別，有一分眞實的境界在內。第七識虛妄地執著第八識的種子、習氣、信息成爲自身所體悟的東西，以此爲眞實的境界，實非眞實，所以不具備眞實性。第八如來藏識本來沒有分別所認識的境界和能認識的主體，但受末那識的執著，變成

〔註2〕 《成唯識論校釋》，卷八，第574頁。
〔註3〕 《成唯識論校釋》，卷二，第86頁。

能見、所見分明對立，雖然所含藏的種子有可能生成有質礙的實境，攀緣實質性的根器作爲實在性的認識，實則不存在其實在的境界，所以《唯識三十頌》中不說第八識是什麼樣的境界。

帶質境是人們認識中帶有對「四大」、「五塵」實境的亦眞亦假的反映。人們往往執著其中某些似有眞實性的東西，作出種種業障來。說它是假，卻帶有某些眞實性；說它是眞，其實本來沒有眞實可言。一切顛倒、迷惑、妄想都由此而來，以爲這裡有實質性的東西可作依憑，可以信賴，可以愛戀、追求，虛妄造作，堅不可破。此帶質境前五識不具有，因爲人們不會對聲色等眞實性的東西產生有意的計度。第六識爲近似地挾帶眞實的境界，因爲意識是對前五的影像的反映，對於聲色產生欣喜或拒絕的判斷，而其本身的實質不會爲意識所變動，好比蝴蝶戀香花，香花終不爲蝴蝶所動，故爲近似於某種眞實性的東西。第七識爲挾帶某些實境的半眞半假的認識。第八識本無特定的區隔，無眞實的境界，但第七識據第八識爲自內我，使第八識成爲一可以依據的境界，流轉輪迴不斷，故成眞帶質了。

獨影境，是人們對外境虛幻不實的認識，只有其影像，全無眞實性質。此境僅第六識具有。前五識有如實而知的實境，並無獨自顯示的影像。第七識本來沒有自己的體性，好比本來沒有鏡子，不得有從鏡顯示眞實的影像，所執著的是第八識實有的相分（影子，認識對象），不是第八識的眞實本體。只有第六識對於過去五塵有記憶、思慮、了別的作用，使過去之境宛然浮現眼前，屬於相似眞實的虛幻認識。或雖無此境，而憑想像及名言概念，執妄爲眞，如同想像兔子有角，便儼然顯示頭上長角的兔子，可以說得出、比劃得出來，這叫非眞實性的虛幻認識，半眞，半假。

眞實性的認識境界，是圓成實性所產生的。相似眞實性的虛假認識，是普遍計度、執著所產生的；獨自顯現的虛幻認識是依憑推理、比擬而產生的。依他起性所產生的獨自顯示的虛幻認識雖不眞實，但在一定範圍內作爲明瞭、知覺事物的相狀，不是根據虛幻反映的影像計度、造作、執著而成爲自己的眞實本性，也不是勉強外物將就自己的意向，成爲堅不可逾的壁壘，好比看到鏡中的影子，可以從中略知其形象，必定不會要求影子會言笑一樣；如果對此過份執著、橫生計度，那就會墮入虛妄、非眞實性的認識。所以第六識通於眞實、近似眞實和虛幻的認識三種境界。

【評析】

　　三境章論述眞實、近似眞實和虛幻的認識三種境界。境有內外之別，外境即認識所對的外物，如地、水、火、風等；內境即認識所顯現的精神境界。三境之境屬於內境。與外境相映對的內境體相有眞實的，也有似眞似假、虛幻不實的，因而有性境、帶質境、獨影境之別。

　　性境即認識所顯現的眞實境界。前五識所顯現的境界純是性境；第六識依據前五識根身的感覺所顯現的境界而思量，也有一分性境；第七識是以第八識的相分爲自內我，離開眞實顯現的境界，所以沒有此性境；第八識本來沒有什麼境界，它所含藏的種子雖然有可能生成有質礙的實境，但其本身不可能具性境。

　　帶質境是人們認識中所顯現的摻雜眞假的一種境界。帶質境前五識不具有；第六識爲半眞半假境界；第七識爲眞假摻雜的境界。第八識本無眞實的境界，但第七識據第八識爲自內我，使第八識成爲　可以依據的境界，流轉輪迴不斷，便成爲相似眞實性的虛幻認識了。

　　獨影境是獨自顯現的虛幻不實的境界，僅第六識具有，前五識、第七、八識均不具。第六識對於過去五塵有記憶、思慮、了別作用，使過去之境宛然浮現眼前，屬於有實質性的虛幻認識；或雖無此境，單憑想像，執妄爲眞，那就是無實質性的虛幻認識。

　　性境、帶質、獨影三境分別源於圓成實、遍計所執、依他起性。性境由圓成實性所生，所現的是眞實的境界。由遍計所執性所生的帶質境和由依他起性所生的獨影境，雖有某些眞實性，基本上是不眞實的。依他起性所生的獨影境雖不眞實，但在一定範圍內作爲明瞭、知覺事物的相狀也未嘗不可，如果執著爲眞實本性，那就似是而非了。第六識既通於圓成實性，故有一分性境；又通於依他起性，故爲有質獨影；且通於遍計所執，故爲似帶質，而且由性境生獨影境，獨影境生帶質境，所以第六識亦通三性。

【原文6】

三量〔1〕

　　量者，識所顯著之相，因區畫前境爲其所知之封域也。境立於內，量規於外。前五以所照之境爲量，第六以計度所及爲量，第七以所執爲量。

「現量」〔2〕　現者，有現在義，有現成義，有顯現真實義。現在，不緣過去作影。現成，一觸即覺，不假思量計較。顯現真實，乃彼之體性本自如此，顯現無疑，不參慮妄。前五於塵境與根合時，實時如實覺知是現在本等色法，不待忖度，更無疑妄，純是此量。第六唯於定中獨頭意識細細研究極略極迴〔3〕色法，乃真實理，一分是現量。又同時意識與前五和合，覺了實法，亦是一分現量。第七所執非理，無此量。第八則但末那妄執為量。第八本即如來藏，現量不立，何況比、非，故《頌》但言性，不言境、量〔4〕。

「比量」〔5〕　比者，以種種事，比度種種理。以相似比同，如以牛比兔，同是獸類；或以不相似比異，如以牛有角，比兔無角，遂得確信。此量於理無謬，而本等實相原不待比。此純以意計分別而生，故唯六識有此。同時意識以前五所知相比，求其得理；散位、獨頭緣前所領受以證今法，亦多中理，皆屬比量。前五不起計較，不具比量。第七一向執持污塵，堅信迷著，不起疑情，亦無此量。第八無量，前注已明。

「非量」〔6〕　情有理無之妄想，執為我所，堅自印持，遂覺有此一量，若可憑可證。第七純是此量，蓋八識相分，乃無始薰習結成根身器界幻影種子，染污真如，七識執以為量，此千差萬錯，畫地成牢之本也。第六一分散位獨頭意識，忽起一念，便造成一龜毛兔角之前塵。一分夢中獨頭意識，一分亂意識，狂思所成，如今又妄想金銀美色等，遂於意中現一可攘〔7〕可竊之規模，及為甚喜甚憂驚怖病患所逼惱，見諸塵境，俱成顛倒。或緣前五根塵留著過去影子，希冀再遇，能令彼物事倏爾現前，皆是第六一分非量。前五見色聞聲等，不於青見黃、於鐘作鼓想等，故不具此量。第八無量，準前可知。

現量乃圓成實性顯現影子，然猶非實性本量。比量是依他起性所成，非量是遍計性妄生。

《瑜伽論》三量外，有至教量〔8〕，謂值佛出世，及法恒住，所說一實至教〔9〕，聞已生信，即以所聞至教為己識量。此量從根門〔10〕入，與意識和合而成，亦三量所攝。若因聞至教，覺悟己性真實，與教契合，即現量。若從言句文身思量比及，遮非顯是，即屬比量。若即著文句起顛倒想，建立非法之法，即屬非量。

【注釋】

〔1〕三量：量，指量知、度量其自相體性，是認識事物的形式和判定知識真偽的標準。三量即度量其自相體性的三個要素。《成唯識論》卷二：「心心所一一生時，以理推徵，各有三分，所量、能量、量果別故，相、見必有所依體故。」韓廷傑釋：「量，意爲量度、楷定，即認識事物的形式和判定知識真偽的標準。」〔註4〕

〔2〕現量：即如實證悟、量知其自相的認識方法，包含現在顯現、現成直接顯現、真實顯現三種涵義。

〔3〕迥：遠。

〔4〕境量：指認識所顯現的境界和量知其體性的要素。

〔5〕比量，即以分別之心比類已知之事，量知未來之事。相當於比較、判斷、類比、推理。

〔6〕非量，即憑主觀妄想以量知物之體性，如幻想、主觀猜測等錯誤的量知方法。

〔7〕㩺，當作攘，偷竊。

〔8〕至教量：佛教闡述無我利他、棄迷還悟的真理性認識。《成唯識論》卷三：「諸大乘經皆順無我，違數取趣，棄背流轉趣向還滅，讚佛法僧，毀諸外道；表蘊等法遮勝性等，樂大乘者許能顯示，無顛倒理，契經攝故，如增壹等，至教量攝。」韓廷傑釋：「因明術語，亦稱聖教量、正教量、聲量等，以佛至極之教作爲衡量是非的標準。」〔註5〕

〔9〕一實至教：即聖言量、佛言量，是聖賢所說契入實相、客觀實在的道理，故稱一實至教。

〔10〕根門：指造成生死輪迴的根本處所和根性。一般指地獄八根：眼、耳、鼻、舌、身、意、命、捨根〔註6〕。

【今譯】

「三量」章　量指認識事物的形式和判定知識真偽的標準，因爲判斷的對象及其結果各有不同的範圍，從而形成不同的形式和標準。其精神爲內在境界，而判斷、量度的標準表現在外。前五識以其直接觀察、量度的對象爲量知的範圍，第六識以計較、推測、推理爲量知的範圍，第七識則以不斷執

〔註4〕《成唯識論校釋》，卷二，第135、194頁。
〔註5〕《成唯識論校釋》，卷三，第202、204頁。
〔註6〕《成唯識論校釋》，卷三，第350頁。

著爲其量知的範圍。

現量，即如實地體悟、量知其自相。現實地量知，包含現在、現成、顯現眞實三種涵義。既爲現實存在，就不需考慮它過去的影像如何。現成，一接觸就能覺察到，不用思慮、計較。顯現眞實，就是如實地揭示其本來的體性，沒有疑惑，不參雜虛妄。前五識對於塵境的覺知與知覺的主體相合時，即屬現實覺知事物本來面目的實證方法，不需思索，更無疑惑，純是現量。第六識只有在入定中獨自顯現的意識、細細思量極微細、極遠大的事物時才是如實的實證，有一分現量。又同時意識與前五識的直接結合，亦是現量。第七識的執著，不符合如實覺知之理，故無現量。第八如來藏識被末那執著爲覺知的標準，故無量知作用。第八識即是如來藏，無現實的覺照作用，當然不屬於現量，也無所謂非量、比量。所以《唯識三十頌》只說第八識的識性，不說其認識對象、認識形式和標準。

比量，比就是即以種種事推測種種道理，比較其共同點，如以牛與兔比較，知道它們同屬於獸類；或比較其不同特點，如用牛有角與兔無角相區別，從而確認不同性質的事物。比較、量知從邏輯上說符合道理，而事物的實質本身是不需要比較以後才確認的。這屬於有意識地進行主觀分析的行爲，只有第六識的意識才會有。同時意識是與前五識的反映相比較、歸納形成的眞理性的認識；散位意識和獨自顯現的意識是從屬於未來之事，相當於現代所說的比較、判斷，也有類比的意思。比量即用以前所留下的印象、經驗來證實當今的認識，亦包含有如實證驗的知識。第七識的執著不合道理，沒有此比較和邏輯推理。第八識沒有所知、能知的功能，前已說明。

非量，即從主觀情感出發，妄自推測事物體性的量知方法，執著爲我能知、我所知，自以爲是，堅持不捨，以爲此認識是可靠的憑證。第七識的恒審思量就屬於非量，它執著第八識的種子（相分）作爲自我體證的本性，把世代薰習而成的業障作爲幻影種子，污染眞如本體，以此量知事物，這就成爲千差萬錯、畫地成牢的根本了。第六識的散位、獨頭意識忽然間動起一個念頭，便造成龜有毛、兔有角的錯誤判斷。一分夢中獨自而起的意識，一分散亂意識，都是狂亂思慮而成，如今又妄想金銀美色等，於是在意識中便顯現可偷竊、可追逐的想法，產生驚喜、憂愁、恐怖、病患等煩惱和情緒，所見所爲，都是顚三倒四的；或者沉湎於前五識的印象、記憶，希冀再次遇到，妄想那些事情重新顯現在前，這都是第六意識的一分錯誤認識的體現。前五

識不會在見色時卻聽聞聲音，不會把青色看成黃色，不會把鐘當作鼓來敲，所以沒有非量。第八識無量度功能，道理同前。

現量是圓成實性在如實地量知事物體性當下的體悟，但不是事物體性本身。比較、推理是依賴他種因緣所產生的判斷。凡夫在普遍計度諸法的妄情中，只能作出幻想、主觀的判斷了。

《瑜伽論》在三量的認識方法外，另有至教量的理論，指在佛陀出現於世、正法久住的年代，聖人所說的真理、教誨，人們聽聞後，就能生起信心和信仰，把它作爲自己的見識和判斷是非的標準。這種見識和標準是從認識的根本上熏修開始，與意識、思維的能動作用結合而成，亦包括現量、比量和非量三者。如果聽從聖人的教導，體悟自己本性與聖教相合符，就是現量；如果從文字、言語上思維、了別，簡單類比，作出結論，就是比量；如果想入非非，顛三倒四，文過飾非，甚至以非法的東西自立門戶，那就是非量了。

【評析】

「三量」章　指認識和判定真僞的三種標準。前五識以直接觀照對象爲量知的範圍，第六識著重概念的比較、分析、推理，第七識則以不斷執著成爲其意志。

現量，是如實地量知事物的體相自性。相當於現代所說的「要知道梨子的味道，就必須親口嘗」的直接證悟方法。王恩洋說：本段「第六唯於定中獨頭意識細細研究極略、極迴色法，乃真實理一分，是現量」，誤。「細細研究」，即比非現。「極略、極迴」皆假色非真。既云色法，即事非理。又按：「八識本即如來藏，現量不立，何況比、非」，誤。《成唯識論》：「八識於執受處了」，執受及處即所緣境。了即能緣行相。八識是由現量了境的。又云：「故《頌》但言性，不及境量」，亦非。《規矩頌》但略不及量，「受熏持種根身器」，種及身器便是它的境，但有境即有量，無量便不成爲境了。王說可從。

比量，即以分別、比類已知之事，量知未來之事，相當於現代所說的比較、判斷、推理。

非量，即憑主觀妄想以量知物之體性。第七識的恒審思量和執持屬於非量，它以第八識見分（船山說相分）爲自內我，把以前世代薰習而成的業障作爲幻影種子，污染真如本體，成爲千差萬錯、畫地成牢的根本。

現量是圓成實性在量知方法中的體現，是現實地量知事物自相的方法。

圓成實性是圓滿成就諸法功德之實性，需八識轉後才能顯現出來（參「見分三性」章）。按照圓成實性的要求，量知事物之自相靠直接的體悟，不須思慮、分別，也無須推理、類比。所以，現量即是圓成實性在量知方法中的體現。依他起性採用類比、推理方法來量知事物的自相，就是比量。遍計所執性是凡夫周遍計度諸法的妄情，只能是幻想、主觀揣測的非量了。

至於以聖人的聖言量知邪正，亦包括三量。如果聽從聖人的教導，體悟自己本性與之相合符，就是現量；如果執著於聖人的文字、言句，於此思維、了別、類比、判斷，就是比量；如果想入非非，胡亂發揮，既不合聖言量的根本精神，也不合諸法本性，那就是非量了。說至教量與三量是相通，既以聖言量爲指導，又不迷信教條，也不胡亂發揮，這是實事求是精神的體現。

宗密在《禪源諸詮集都序〔註7〕》中說：「西域諸賢聖所解法義，皆以三量爲定，一比量，二現量，三佛言量。」鑒別、會通佛教法義，「須三量勘同，方爲決定。」運用現量、比量、聖言量相結合的方法來認識事物的本質，作爲洞察歷史和現實眞相的根本方法，既重視實踐是檢驗眞理的根本標準，又重視聖賢的教誨和比較分析、邏輯推理所包含的科學成分，並且克服了執著聖言量、比量的弊病，是科學的辯證的認識方法，對當今社會提高辯證思維能力，堅持實踐是檢驗眞理的根本標準，鑒別眞僞、善惡、美醜，頗有借鑒意義。

【原文7】

三性〔1〕

此性指識中相應心所有此三種差別，於見分三性〔2〕中俱依他起性攝，以皆資藉緣生故。若圓成實性，但一無三。

「善性」〔3〕 能成善品十一之才質。

「惡性」〔4〕 能造根本六惑〔5〕、大隨八〔6〕、中隨二十〔7〕、小隨十〔8〕之才質。

「無記性」〔9〕 記謂紀其功過之因，而別之爲善惡之果。無記者，可以善而未即善，可以惡而尙未惡，乃識初發之機，一切惡善皆由此作，遍行〔10〕、別境〔11〕、不定三位、十四心所〔12〕之才質也。別有士用果〔13〕，

〔註7〕 宗密《禪源諸詮集都序》，《續藏經》第48冊。

如著衣、吃飯、耕種、工技等，其果亦無記，亦由遍行、別境起其功用。此無記性復有二：

一「有覆無記」〔14〕　覆，蓋覆也。如瓦隙日光，四邊皆受障蔽，但受一隙之影。此性覆障眞如廣大之體，於五蘊中，八識執持我爲我，我法爲我法，雖未即爲惡，而爲染污之本，乃七識別境中一分邪慧所成。惡性成煩惱，善性成無明，而煩惱乃無明所發生，故前六隨惑皆七識根本四惑所生，而四惑又別境慧所生。若論其本體，則此性即是無覆性錮蔽而成有覆，如隙中日即全日光，故統言三性，不分爲四。

二「無覆無記性」〔15〕　乃眞如不守自性，加被潤生所成，本無覆障，雖爲七識所染，而本體自如，遍行初心但有覺了，無執著，無分別。然其可善可惡，不得純淨無垢，如水初波，未有寧靜。善惡二性，唯第六通具，以一切善惡皆緣意造也。前五善性具，惡性有缺，識依根發，功不勝故。如小隨十，前五對境則有，境去則妄不留滯結成內毒〔16〕，如第六之攀緣過去未來也。前五善惡亦待一分同時意識和合乃成；若同時意識未生，但與五根和合，則前五止有有覆無記。

無記八識俱有。此性在八識但成五遍行，未墮善惡。至七識結就，則即此遍行而生別境之慧。至六識生，則即此五遍行具諸別境，及不定四。其流注前五，則遍行生五別境；其遍行止是一性，貫串八位識中，爲可善、可惡資糧。在八識但有初發識光，未有障覆，至結成第七，則此性自生覆矣。七識以障覆爲性，還能障覆第八，使成異熟種子，結生死因；又能障覆前六，使成根、隨諸惡。根本四惑及八大隨，皆此有覆之所結成。此有覆性以法執成我所，是所知障〔17〕。無明現行爲煩惱種子，非即有煩惱現行，故但名無記，不便判作惡性耳。六識受七識之染，前五以第七建立我所，各各成自類遍行別境，不得圓通，皆是有覆，不能還歸第八無覆本位〔18〕。唯八識一位無覆無記，餘俱有覆。

【注釋】

〔1〕三性，指心識所對應的心所的性質，分爲善、惡、無記三種。

〔2〕見分三性：指達到對事物眞實本性的認識的三個條件，是區別一切認識眞理性的必然要求和必經途徑。參下章「此三性乃眞妄所自分」注。

〔3〕善性：指善良的材質、本性和德性。

〔4〕惡性：指能為惡起惑之材質。

〔5〕根本六惑：又名本惑、根本煩惱，指貪、瞋、癡、慢、疑、惡見六大煩惱。《成唯識論》說：「此貪等六性是根本煩惱攝故，得煩惱名。」〔註8〕

〔6〕大隨八：指伴隨根本惑而生的具有普遍性的一般煩惱，即八種大隨煩惱：掉舉、昏沉、不信、懈怠、放逸、失念、心亂、不正。《成唯識論》說：「唯是煩惱分位差別，等流性故，名隨煩惱。此二十種類別有三，謂忿等十各別起故，名小隨煩惱；無慚等二，遍不善故，名中隨煩惱；掉舉等八遍染心故，名大隨煩惱。」〔註9〕

〔7〕中隨二：指無慚、無愧二種普遍產生不善業的煩惱。

〔8〕小隨十：指在特殊情況下產生的煩惱，如忿怒、憎恨、覆蓋、氣惱、嫉妒、吝惜、矯詐、誣諂、驕傲、迫害等。

〔9〕無記性：指可以為善，也可以為惡，性質未確定的材質。《成唯識論》說「於無記忍可樂欲，非淨非染，無信不信。」〔註10〕

〔10〕遍行：即遍行心所，指認識生起時普遍表現於一切時、空、性、識之中的心理活動，包括感觸、著意、感受、思維、思慮等。《成唯識論》說：「阿賴耶識無始時來乃至未轉，於一切位恒與此五心所相應，以是遍行心所攝故。」〔註11〕

〔11〕別境：指特定境界引起的心理活動，包括欲望、理解、憶念、禪定、智慧等〔註12〕。

〔12〕心所：指相應於心王而起的一切精神現象和心理活動。〔註13〕

〔13〕士用果：唯識宗論述因果關係的五果之一，指借助世間資生事業、工技所產生的果報。《成唯識論》：「士用，謂諸作者假諸作具所辦事業。」〔註14〕

〔14〕有覆無記：指受邪慧障蔽，雖未為惡，卻是染污之本的材質。

〔15〕無覆無記：即不受邪慧障蔽、未善未惡、可善可惡的材質。

〔16〕內毒：即內在體性受到薰染。

〔17〕所知障：以所知障蔽真如實性，成為通向覺悟的障礙。參二障章。

〔註8〕　《成唯識論校釋》，卷三，第 603 頁。
〔註9〕　《成唯識論校釋》，卷六，第 426 頁。
〔註10〕　《成唯識論校釋》，卷六，第 429 頁。
〔註11〕　《成唯識論校釋》，卷三，第 150 頁。
〔註12〕　《成唯識論校釋》，卷三，第 162 頁。
〔註13〕　《成唯識論校釋》，卷一，第 5 頁。
〔註14〕　《成唯識論校釋》，卷八，第 531 頁。

【今譯】

　　三性章　三性之「性」是指心識所對應的心所的道德屬性，分善、惡、無善無惡三種。如實證悟其實在性，借他物進行比較、推理，普遍計度、執著，是證悟眞理的三個不同途徑。善、惡、無記都是借助他物進行比較、推理而產生的；如實證悟實在性只有善性，沒有惡及不確定性。

　　善性，指能爲善的素質、材質。惡性，指能造作六種根本煩惱、八種大的伴隨煩惱、二十種中等煩惱和十種小煩惱之素質。

　　無記性，記指揭示產生功過的原因，區別善、惡業果這種特性。無記就是無善無惡，是善、惡行爲剛剛生起、尙未成爲現實的微細朕兆，是一切善惡行爲所由產生的基礎，有普遍性、特殊性和不確定性等不同特點。另有一類借助世間資生事業、工技所產生的果報，比如人們爲解決穿衣、吃飯進行耕種，使用技藝等，所造作的結果，也屬於無善無惡，也會通過普遍、特殊的途徑產生作用。這種不確定性，又可以分爲有覆蓋的無記性和無覆蓋的無記性二種。

　　有覆無記性，覆就是覆蓋、遮蔽。好比瓦片空隙透出的日光，四周都被遮蔽，只透出一個空隙的光影來。這種受到遮蔽的無記性，會覆蓋眞如的整體。在色、受、想、行、識構成的物質世界和精神世界中，第八識被遮蔽、執著爲永恒不變的本體，雖然沒有馬上造惡，卻成有遮蔽的無記性；雖未必馬上成爲惡行，卻是染污的根本。之所以成爲污染的根本，就是由第七識的偏執造成的。惡性成爲煩惱，善性被熏成癡迷，而煩惱是癡迷所產生的。所以說，前六識的伴隨煩惱都是從第七識的四種根本煩惱產生的，而四種根本煩惱又從各別的外境、偏執而產生。如果說它的本原，這種有蓋覆的無記性就是因爲無蓋覆的無記受到遮蔽而成，好比瓦片空隙透出的日光是因爲日光大部份被遮蔽一樣。所以，這裡籠統稱善、惡、無記三性，不從無記中再分出有覆無記、無覆無記出來。

　　無覆無記性，即是眞如本性沒有保持住，被偏執所障蔽、薰染而成。第八識本來是沒有蓋覆、污染的，雖然被第七識所污染，而本體如如不動，在認識剛開始普遍發生的時候，只要一起始立即察覺，沒有執著、分別，就未善未惡，可善可惡，但已具備爲善作惡的可能性，不是清淨無垢的，好比水面平靜無波，微風一吹，就不再寧靜一樣。善惡的可能性，在第六意識中都具有，因爲一切善惡行爲都源於意念的造作。前五識如實觀照外物，具有善

性，無惡性，因爲沒有參雜意念，意念的功能沒有發揮出來。比如十種小隨煩惱，只有外境現前時才存在，外境不存，隨煩惱就會忘掉，不會留戀、存留，蘊結成爲內在的體性，如同第六識那樣聯繫、回憶過去與未來，成爲有覆蓋、有遮蔽的無記性。前五識產生善惡，也需等待同時意識的配合才能實現。如果同時意識未起作用，僅與五種認識器官相配合，那所產生的認識只能是有遮蓋的無記性。

　　不確定性在八識中都有。這種不確定性，在八識中會普遍發生作用，但都沒有成爲現實的善惡行爲和果報。到第七識時，由於其執著作用，蘊結爲特殊的邪慧，乃至第六識產生，這樣，此五種普遍性及四種不定性就會在各個特殊的方面表現出來。其中流注到第五識，就普遍表現爲五種特殊境況。這種普遍性，有一個特點，就是貫穿於八位識中，成爲可善可惡的基礎。在第八識本身，只有最初透射出來的認識光芒，沒有障蔽；到結成第七識時，此不確定性的光芒就被障蔽了。第七識以障蔽爲其本性，還能覆蓋第八識，使其成爲不同時空成熟的種子，成爲生死輪迴的根本；又能蓋覆前六識，使它們成爲根本煩惱、伴隨煩惱。四個根本煩惱和八個大的伴隨煩惱，都是這種有覆蓋的無記性蘊結而成的。這種有覆性無記，因其對諸法的執著產生自我的處所，成爲障蔽菩提的障礙。由癡迷、無明顯現爲煩惱種子，雖不是馬上生成煩惱，所以稱爲不確定性，不是馬上判其爲惡行、惡果。第六識受第七識的污染，前五識成爲被執著的對象，各自現出特殊境界，不能圓通，都有遮蔽，不能回覆到第八識無蓋覆的清淨本體。因此，只有第八識是無蓋覆的不確定性，其餘都是有蓋覆的不確定性。

【評析】

　　三性之「性」指善惡的性質，與見分三性之「性」——屬性——既有聯繫，又有區別。三性，指心識所對應的心所的道德屬性，分善、惡、無記三種，屬於價值判斷。見分三性則指圓成實性、依他起性、遍計所執性，是證悟眞理的三種性質、三個條件，屬於認識的是非的判斷。如實證悟事物本體的圓成實性只有善性，無惡及無記性；借其它事物進行比較、推理的依他起性則包括善、惡、無記三種；普遍計度、執著的遍計所執性當屬惡、非量。

　　善性，指能爲善的材質。惡性，指能爲惡起惑之材質。無記性指可善、可惡，性質未定的材質。士用果，使用各種工具、技藝所造作的結果，是六因中俱有因和相應因所得的結果，也屬於無記性。佛教大小乘論述因果關

係，通常把果分爲異熟果、等流果、士用果、增上果、離繫果五類。士用果
是五果之一。

　　無記性分爲二種：有覆無記性和無覆無記性。有覆無記性即受邪慧障蔽
的不確定性，雖未爲惡，卻是染污之本。無覆無記性不受邪慧障蔽，屬於未
善未惡、可善可惡的不確定性。王恩洋說：船山釋「有覆無記性」與「無覆
無記性」一段文義與相宗本義不合；「按相宗本義：體是煩惱，但覆蔽眞實
而不造善、惡業的，如七識俱惑和二界煩惱，名有覆無記。體非煩惱，不覆
蔽眞實，亦不造善惡業的，如五根等、工巧威儀等，名無覆無記。」王說可
從。

　　三性與八識的關係：善性、惡性，只有第六識才具有，因爲一切善惡都
從思維、了別而產生。前五識及第六、七識爲有覆無記性，僅第八識爲無覆
無記性。

【原文8】

見分三性〔1〕

　　此三性乃眞妄所自分。凡有言說，俱從此證持：一乃性之本體〔2〕，二
性之作用〔3〕，三性之變染〔4〕。相宗依依他起，證圓成實。

　　「圓成實性」〔5〕　即眞如本體，無不圓滿，無不成熟，無有虛妄，比
度即非，眨眼即失，所謂「止此一事實，餘二定非眞」，此性宗所證說，乃
眞如之現量也。八識轉後，此性乃現。

　　「依他起性」〔6〕　或依境，或依根，或依言，或依義，展轉依彼事理，
揀別眞妄而實知之。此相宗所依以立量，就流轉中證還滅理，比量也。由
此度理無謬，雖未即親證眞如，而可因以證眞如，由八識五遍行流注六識，
而成此性。

　　「遍計性」〔7〕　不依眞如，不依事理，從一切世間顚倒法相類不相類，
遍爲揣度，而妄印爲眞，非量也。因此而成癡慢疑邪之惑，永與眞如不契，
從七識有覆性中一分邪慧流注六識而成此性。

【注釋】

　〔1〕見分三性：見分，指認識主體，即能見，也就是證悟和檢驗眞理的能力。性，
　　　　屬性。見分三性，即第八識所具有的認識本體、檢驗認識眞理性的能力和轉污

染爲覺性等屬性。

〔2〕本體：指事物的體性及其本質屬性。

〔3〕作用：指造作行爲，是本體的功能的體現。《成唯識論》卷一說：「諸所執實有我體，爲有作用，爲無作用？若有作用，如手足等，應是無常。若無作用，如兔角等，應非實我。故所執我二俱不成。」〔註15〕

〔4〕變染：指轉清淨爲污染，或即雜染。《成唯識論》卷二：「心性本淨客塵煩惱所染污故，名爲雜染。」〔註16〕

〔5〕圓成實性：即通過實修證悟諸法圓滿、眞實之體性。《成唯識論》卷二：「（我法）二空所顯圓滿、成就諸法實性，名圓成實。」〔註17〕

〔6〕依他起性：即依眾緣而生，據比較、判斷、推理而認識事物的體性。《成唯識論》卷二：「心、心所及所變現眾緣生故，如幻事等非有似有，誑惑愚夫，一切皆名依他起性。」〔註18〕

〔7〕遍計性：即遍計所執性，是凡夫普遍計度諸法之妄情以爲法性。《成唯識論》卷二：「愚夫於此橫執我法、有無、一異、俱不俱等，如空花等性相都無，一切皆名遍計所執。」〔註19〕

【今譯】

　　見分三性章　這裡的三性，是指區分、識別眞理與虛妄的必要條件和途徑。一切言說，都從這裡得到證明、證悟。證悟眞理，一、必須明瞭眞理之本體；二、明瞭眞實體性如何發揮作用；三、明瞭如何轉染爲淨。法相宗的證悟途徑，即從分析諸法因緣開始，通過比較、推理、判斷，證得圓滿眞實的體性的。

　　圓成實性，即如實體悟認識的眞理性的根本方法。這種方法，無不圓滿，無不成熟，不需思量、類比，比較計度就無法認知眞理，眨眼之間就會失去，如同經論所說：「只有此事是眞實，其餘一切定非眞」。這是法性宗（包括禪宗）的學說，是如實而來的認識本體的現實體現。這種圓滿眞實體性，需要在八識轉爲四智後才能顯現。

〔註15〕《成唯識論校釋》，卷一，第 10 頁。
〔註16〕《成唯識論校釋》，卷二，第 118 頁。
〔註17〕《成唯識論校釋》，卷八，第 579 頁。
〔註18〕《成唯識論校釋》，卷八，第 580 頁。
〔註19〕《成唯識論校釋》，卷八，第 580 頁。

依他起性，即依諸種因緣而起，憑判斷、推理而認識眞理的方法，包括依憑諸法之境緣、自身之根緣，或依憑名言文字、語義及種種事理，加以揀別、分析、認知。法相宗之所以依據它作爲量度標準，就在於以反覆比較來識別、回歸眞理，屬於邏輯判斷、推理性質。正確運用判斷、推理，雖無法親證眞實體性，卻是認識的必經階段，正是由依他緣起性和判斷、推理，第八識的認識作用才能經五種遍行、流注六識而得到體現、成就。

遍計所執性，指凡夫普遍計度諸法的妄情爲法性。它不依事物的眞實體性，不依據事理，而依憑世間諸法一切相類不相類，妄加揣測、普遍度量，據妄爲眞，這是不正確的認識方法。出此而墮入種種癡迷、傲慢、疑惑、偏見之中，無法與眞理相契合。這是從第七識有覆蓋的不確定性的偏見流注第六識而成的。

【評析】

見分三性章是論述區分、認識眞理的方法、途徑和標準。要證悟眞理，必須明瞭證明認識眞理性的本體及其作用，以及如何轉染爲淨的過程。法相宗的證悟眞理，即是從分析諸法因緣開始，通過判斷、推理，達到證悟事物的圓滿眞實體性的根本目的。這是把握唯識宗旨的綱領。王恩洋認爲：「見分三性不辭，據《瑜伽》《唯識》，當可改爲三自性。」吳立民先生也認爲王說可參考。從《成唯識論》所說偈語「無始時來界，一切法等依，由此有諸趣，及涅槃證得」，「初句顯此識體無始相續，後三顯與三種自性爲（第八識）所依止，謂依他起、遍計所執、圓成實性。」〔註20〕既然此三性是第八識體性的三種屬性，第八識即是三自性的依止之處，說此三性即第八識的見分（認識能力）的三種自性，也未嘗不可。

圓成實性，即如實證悟認識眞理性的根本方法和目的。從三種量度方法說，屬於證量。如同經論所說，這是最眞實可靠的方法。這和辯證唯物主義所指明的實踐是檢驗眞理的唯一標準一樣，有異曲同工之妙。達到這種圓滿眞實體性，需要一個過程，即在八識轉爲四智後才能顯現。

依他起性，即依據諸種因緣，憑判斷、推理而認識眞理的方法。它雖不能成爲證持眞如本性的終極途徑，卻是必經階段。因爲邏輯推理雖不能保證完全契合眞理，卻是走向眞理所必需的。

〔註20〕《成唯識論校釋》，卷三，第 194 頁。

　　至於主觀揣測、度量，據妄爲眞，只能墮入種種惑障而不能自拔，這是由第七識的執著、偏執所造成的，是不可取的，在三種量度方法中屬於非量，如同世間法所說的主觀片面性，是必須加以克服、拋棄的。

（四）一切唯識的認識論

一切實相的顯現、能認識與所認識、善與惡、平凡與神聖的價值判斷都由認識本體在起作用；煩惱與知識所造成的障礙及知識如何轉化爲智慧；破除對主體、客體的執著，從絕對對立、有分別的智慧向無分別的智慧轉化，才能超越三界的痛苦。

【原文9】

五位唯識〔1〕

此以唯識一宗該盡萬法，一切事理、見相〔2〕、善惡、凡聖皆識所證。流轉〔3〕者，此識之流轉；還滅〔4〕者，即於識而還滅之。百法〔5〕統萬法，五位統百法，若非自識，彼法不成。一由阿賴耶識旋生七位，建立種種迷悟規矩〔6〕。凡一切相，皆從見生，見相皆從自證分〔7〕生，一散而萬，相宗所以破逐法執理之妄也。

一「自性唯識」〔8〕　眞如自性刹那一念結成八識，各爲心王。在含藏未發爲阿賴耶識；轉念執染爲末那識；發動於心意爲紇利耶識〔9〕；依五勝用根爲眼識、耳識、鼻識、舌識、身識，總是如來藏〔10〕中一色光明逐地流轉，是八位心王自性皆唯識也。

二「相應心所唯識」〔11〕　八識五心所，七識十八，六識具五十一，前五約略有三十四。一一心所成彼善、惡、無記三性，具諸作用，皆是識所顯現生起，於八位中各與彼識相應。有此識則有此心所，凡所有心所皆是此識建立成熟，識外別無心所也。

三「所緣唯識」〔12〕　內而五根爲根身，成種子、根二緣。外而五塵與地水火風四大爲器界，及一分法塵〔13〕，結成前境，爲空、明、境三緣。識緣之而生者，與六七八三識互相爲緣，作分別、染淨、作意、根本四緣，及等無間，待彼滅而此生者，亦非識外別有相資、相互、相待，別有可緣之色法，皆即識所結成、所印持而成乎有彼，以見立相，又因相而生見，如束蘆轉。若有眼識，不成勝用，即無青黃等色可緣之相。餘十色法，例此可知。如毛嬙麗姬〔14〕，鳥見高飛，魚見淵潛，由彼識別，所緣亦別。足知地水火風、色香味觸及一分法塵，種種名，種種義，種種功田〔註1〕，種種觸受，緣以生識者，皆識中所現之影也。

四「分位唯識」〔15〕　乃二十四種不相應法〔16〕，各自有其分位，不可分入八識分位中者，如他人識等與己八識不相應然。唯末那執染障礙人法二空，故有分別相應、不相應法，實則統於眞如中本無異同，但因識所計較，判彼與我爲不相應耳。二十四詳《唯識諦》〔17〕。

五「實性唯識」〔18〕　六無爲，非識所有境界，乃眞如實性。然眞如流轉而成八識，識還滅而即實性，如反覆掌，面背異相，本無異手，故四智即唯識也。

【注釋】

〔1〕五位唯識：唯識，指一切萬法都是識所變現的道理。五位：即從五個方面剖析唯識的涵義。五位唯識，是從萬法的自性、與心相應的所在、產生識的內外因緣、識的功用、相應不相應之區分以及識的實質等方面，認識一切唯識的道理，也是漸次悟入唯識道理必經的五個階段。《成唯識論》說：「何謂悟入唯識五位？一資糧位，謂修大乘順解脫分。二加行位，謂修大乘順決擇分。三通達位，謂諸菩薩所住見道。四修習位，謂諸菩薩所住修道。五究竟位，謂住無上正等菩提。」〔註2〕此五階段與五位唯識一一相對應。

〔2〕見相：即見分、相分，分別指認識的主體和認識的對象。

〔3〕流轉：流爲相續，轉爲生起。流轉，指順著世俗的習性而相續、遷流於生死之中，循環不已。《成唯識論》說：「由有此第八識故，執持一切順流轉法，令諸有情流轉生死。」〔註3〕

〔註1〕「田」，據文義，當作「用」。
〔註2〕《成唯識論校釋》，卷九，第598頁。
〔註3〕《成唯識論校釋》，卷三，第193頁。

〔4〕還滅：還，回歸。滅，滅除煩惱達到清淨的境界。還滅，指逆著世俗的欲望、因緣，出離生死循環，滅除煩惱，回歸清淨本性。《成唯識論》說：「由有此第八識故，執持一切順還滅法，令修行者證得涅槃。」〔註4〕

〔5〕百法：表示認識的主體、對象、內容、方法及其超越性等五方面範疇，下分一百個概念，成為五位百法。《大乘百法明門論》分心法（8）、心所有法（51）、色法（11）、心不相應行法（24）、無為法（6）五種修行方法〔註5〕。

〔6〕迷悟規矩：規矩，即規範、規則。迷悟規矩，指認識陷入迷誤及轉迷為悟的規律。

〔7〕自證分：即自己本身具有的證悟體性和能力。《成唯識論》說：「相、見所依自體名事，即自證分。」〔註6〕

〔8〕自性唯識：性，指理性、心的性質、心的本體與功能。自性，指心的本性。《成唯識論校釋》：「自性，不依賴於任何事物而有的不改、不變的固有本性。」〔註7〕自性唯識：指八位識的功能都是真如自性的變現。《成唯識論》：「此中意說三種自性，皆不遠離心、心所法，謂心、心所及所變現眾緣生故。」

〔註4〕《成唯識論校釋》，卷二，第193頁。
〔註5〕昇天親造、玄奘譯《大乘百法明門論》本事分：「一切法者，略有五種：一者心法，二者心所有法，三者色法，四者心不相應行法，五者無為法。一切最勝故，與此相應故，二所現影故，三分位差別故，四所顯示故，如是次第。第一，心法，略有八種（略）。第二，心所有法，略有五十一種，分為六位：一遍行有五，二別境有五，三善有十一，四煩惱有六，五隨煩惱有二十，六不定有四。一、遍行五者：一作意、二觸、三受、四想、五思。二、別境五者：一欲、二勝解、三念、四定、五慧。三、善十一者：一信、二精進、三慚、四愧、五無貪、六無瞋、七無癡、八輕安、九不放逸、十行捨、十一不害。四、煩惱六者：一貪、二瞋、三慢、四無明、五疑、六不正見。五、隨煩惱二十者：一忿、二恨、三惱、四覆、五誑、六諂、七憍、八害、九嫉、十慳、十一無慚、十二無愧、十三不信、十四懈怠、十五放逸、十六惛沈、十七掉舉、十八失念、十九不正知、二十散亂。六、不定四者：一睡眠、二惡作、三尋、四伺。第三，色法，略有十一種：一眼、二耳、三鼻、四舌、五身、六色、七聲、八香、九味、十觸、十一法處所攝色。第四，心不相應行法，略有二十四種：一得、二命根、三眾同分、四異生性、五無想定、六滅盡定、七無想報、八名身、九句身、十文身、十一生、十二老、十三住、十四無常、十五流轉、十六定異、十七相應、十八勢速、十九次第、二十方、二十一時、二十二數、二十三和合性、二十四不和合性。第五無為法者，略有六種：一虛空無為、二擇滅無為、三非擇滅無為、四不動滅無為、五想受滅無為、六真如無為。」
〔註6〕《成唯識論校釋》，卷二，第134頁。
〔註7〕《成唯識論校釋》，卷一，第28頁。

〔註8〕

〔9〕紇利耶識：即意識。

〔10〕如來藏：是一切眾生的本源，含藏宇宙一切善、惡、非善非惡種子，具有真實的「空」性及近似於實有的虛幻性，不同於外道以「真我」爲永存不變之實體。

〔11〕相應心所唯識：指相應於心王的一切心所都有善、惡、無記的屬性，有其特殊作用，都是識的顯現。

〔12〕所緣唯識：即一切根身、器界所對的緣都是識所變現。

〔13〕法塵：內心思惟而契合於理，不由他教，也不由文字、名相，稱爲法塵。

〔14〕毛嬙、麗姬：見《莊子·齊物論》，指古代眾人欣賞的美女。全句說，毛嬙、麗姬是人之所羨慕的美人，魚見了卻深沉水底，鳥見了卻高飛而去，誰知道天下真正的美色是什麼？一切感受都是因爲對所接觸的對象的不同反映而產生的。

〔15〕分位唯識：對於諸法分別、計較而證入唯識道理。

〔16〕二十四種不相應法：指二十四種不相應心所各有其特殊性。參上百法條注。

〔17〕《唯識諦》：或即世親論述唯識真諦的《唯識論》，待考。

〔18〕實性唯識：指第八識的心王以真如實性爲本體。

【今譯】

「五位唯識」章　指明一切萬法都是識所變現的道理。一切事理、能見所見、善惡、凡聖，都是由內心之識所證得。生死輪迴、流轉，在於識的誤導作用；轉識成智，滅盡煩惱，趨於涅槃，亦在於識的覺照作用。五位心所統攝百法，百法統攝萬法。如果離開識，一切萬法的存在都無法理解。認識之種子藏於阿賴耶識中，七識執著它流注第六、前五識，從而產生種種迷、悟業果，所見從能見生，所見、能見又從自性的證悟而生，從一識生萬法。這就是法相宗以識的自證爲最高真理，反對一切追逐萬法，妄執爲理的謬論的道理。

一、自性唯識，指八識的本體都是真如自性剎那之間蘊結而成。真如自性即各識的心王。第八識含藏種子發芽，爲阿賴耶識；種子被執持、污染，即轉爲末那識；發動於意識，爲紇利耶識；依其功用和五根的殊勝功能，而爲前五識，八位識都是如實而來的心王的清淨光明自性流轉而成。八位識的

〔註8〕《成唯識論校釋》，卷八，第 580 頁。

心王自體都只是一個識。

二、相應心所唯識，相應於心王、心所所含的識，第八識共有五個，第七識十八個，第六識五十一個，前五識約有三十四個。這些心所都有善、惡、無記的屬性，有其特殊作用，都是識的顯現，在八位識中各與心王相應。有什麼識就有什麼心所。一切心王、心所都由識決定。識之外不存在單獨的心王、心所。

三、所緣唯識，即一切根身、器界，一切外緣（五塵、四大）及內心契悟的理法，都是識所變現的根境和境界，如空間、光線和外境等。認識必須識體與一定的空間、光線和外境結合才可能產生，第六意識、末那識與藏識相互結合，產生分別、染污執著、造作和根本四種功用。即使是相續無間發生作用，及此期生命滅而轉生他處，也不是離開識而別有什麼造物主之類的因緣，都是識所結成、執著保持而成，以能見的見分生所見的相分，所見的相分又生新的見分，好像許多蘆葦杆交叉立於地上，必相互依持而立。比如眼根不起作用，就看不到青黃等色一樣。其餘各識根都有所生起的因緣，從而產生不同的認識功能，例此可知。好比毛嬙、麗姬是人們所稱道的美女，可是魚見了卻深潛水底，鳥見了卻高飛藍天，人和魚、鳥的認識、見識不同，產生的判斷、好惡也不同。由此可見，四大、五塵及對法義的思考，各種名義、功用、感觸、感受及認識，都是識體所顯現的不同影像而已。

四、分位唯識，指二十四種不相應心所各有其特殊性，不可混同於八識的各個分位中，如同他人的八識與己不能相應一樣。由於末那識的執染障礙我空、法空，故有相應與不相應的分別，實際上本質並無異同，只因識的計較，判定彼此不相應而已。二十四種不相應心所詳見《唯識諦》。

五、實性唯識，指真如的本質是清淨無為的。六種無為（虛空無為、擇滅無為、非擇滅無為、不動無為、想受滅無為、真如無為）不是識所有的境界，是心王的真如實性。然而，真如流轉成為八識，八識還滅即是圓成實性，如同手背翻過來成手心一樣，正面、背面形狀不同，同樣是手並無不同。所以，四智也可以說即是唯識。

【評析】

五位唯識章，指明宇宙萬法相互密切聯繫，一切都是識所變現的道理。一切事理、能見所見、善惡、凡聖，都是由內心之識所變現、證持的。生死

輪迴在於識的作用，轉識成智，滅煩惱、趨涅槃，亦在於識的作用。五位心所統攝百法，百法統攝萬法，關鍵在於識。識的種子藏於阿賴耶識中，七識執之，流注六識、前五識，從而產生種種迷悟、業障，所見從能見生，所見、能見又由第八心王自己證悟而生。一散而爲萬，即一識生萬法。所以法相宗以識的自證爲最究竟的眞理，反對一切向外追逐萬法，執著於虛妄以爲眞實的種種說法。

五位唯識，即從識的自性，識與心所相應，識的所緣、識的分位區別和識的實性諸方面剖析唯識的道理。第一，自性唯識，指認識的本體都是眞如自性的作用。第二，相應心所唯識，八識各有其心所，共約 108 個生理現象，都有相應的善、惡、無記的屬性，都是識的顯現。第三，所緣唯識，即一切根身、器界、一切境界都是識所變現。從見分生相分，又從相分生新的見分，二者相依而立，互爲因果。因此，一切緣都是識的顯現或外化。第四，分位唯識，指二十四種不相應心所各有其特殊性，實由第七識的執染而來，本質上並無不同。第五，實性唯識，指八識心王的本質是無爲的。眞如流轉即成有爲的八識，八識還滅即歸於無爲。無爲不是識所具有的境界，而是眞如實性的反映。四智（成所作智，妙觀察智，平等性智、大圓鏡智）即眞如實性的體現。眞如流轉成八識，即由無爲而有爲；八識轉成四智、還滅而爲眞如，即有爲回歸無爲。四智與眞如、有爲與無爲是辯證的統一，如同手背與手心是統一的整體一樣。

王恩洋《相宗絡索內容提要》說：「眞如既不能轉成八識，賴耶也不能變爲末那，末那更不能變爲前六。法相有嚴密的規律，船山皆犯之。」實際上船山是說「眞如自性刹那一念結成八識」，指眞如自性是八識的種子，由本然、無爲「刹那一念」轉爲應然、有爲；眞如順著世法流轉，產生八識（包括四智的不同作用），又通過修行（轉識成智），由有爲回歸無爲，由八識（包括四智）回歸眞如，由應然轉爲本然。四智與眞如、業果與眞性、有爲與無爲、應然與本然是不即不離的。從這個角度看，船山所說並不錯。

【原文 10】

二障 [1]

障者，障蔽眞如也。有障則智成識，無障則識成智。

「煩惱障」[2]　我執所成。由七識攬八識爲自內我，令諸遍行心所染著流注前六，成諸惡業，既以患得患失自惱，還以惱害一切有情。此障以七識貪癡爲根本，至前六識生起嗔分，增長中隨、小隨十二染品。

「所知障」[3]　法執所成。由七識執八識相分爲己見分，生一分別境之慧，建立非法之法[4]，即所知者爲障，而還能障蔽所知，迷失妙悟。此障以七識慢及邪見與癡一分爲根本，流注六識，生起狂疑，增長大隨八及中隨一分無慚無愧。唯前五無，以前五所知雖一〔竅隙〕[註9]之光[5]，而實性境現量，無非量也。

【注釋】

〔1〕二障：指障礙、遮蔽聖道的兩種煩惱，即煩惱障、所知障。

〔2〕煩惱障：指障礙大涅槃，使眾生沉淪生死的種種煩惱。《成唯識論》說：「由斷續生煩惱障，故證眞解脫。」〔註10〕

〔3〕所知障：即以所知障蔽眞如實性，使眾生得不到覺悟。《成唯識論》說：「由斷癡解所知障，故得大菩提。」〔註11〕

〔4〕非法之法：即違反止法的道理和邪見。

〔5〕一竅隙之光：比喻局部、某方面的認識。

【今譯】

「二障」章　障指障礙、遮蔽聖道。由於煩惱的障蔽，智識就變成流轉生死的識體。破除二障，就能轉識成智而覺悟。

煩惱障，源於對於自我的執著。第七識把第八識的相分作爲自我體證到的認識，使其普遍發生作用，污染、流注前六，成爲惡業，既以患得患失使自己煩惱，又煩惱他人。所以，煩惱障的根本是第七識的貪婪、癡迷。至第六識生起嗔心，中隨煩惱、小隨煩惱等十二種染品隨即產生。

所知障，是由對諸法的執著而來。第七識執著第八識的相分爲自我體證到的認識，產生一種特殊的偏執之見，形成違背正法的錯誤認識，也就是把所認識的道理變成覺悟的障礙，反過來障蔽正確的認識，使妙悟迷失。這是以第七識的傲慢、偏見及癡迷爲根本，流注第六識，產生狂疑，增長八種大

〔註9〕「竅隙」二字原脫，據下文「一竅之光」補。
〔註10〕《成唯識論校釋》，卷一，第1頁。
〔註11〕《成唯識論校釋》，卷一，第1頁。

隨煩惱及二種中隨煩惱一分無慚無愧之心。這種障礙前五識是沒有的，因為前五識所反映的雖然是某一局部的認識，但卻是直觀、實證真如實性，沒有推理、推測等虛妄不實的成份。

【評析】

「二障」章　論遮蔽聖道的兩種煩惱，即煩惱障、所知障。由於煩惱的障蔽，清淨聖智就變成污染的識心，形成生死流轉的根源。破除二障，轉識成智，就能趨於還滅，證悟真如本性。

煩惱障，源於第七識的恒審思量和執持，即貪欲、無明，第六識便生起瞋恨，引發中隨、小隨煩惱等不健康的心理現象。所知障，由第七識執八識見分為自我體證到的真理，以憍慢、偏見及癡迷為根本，隨即生起狂疑等迷誤，障蔽真如實性。只有破除我法二執，克服無知、貪欲和癡迷等偏見，才能背塵合覺，轉識成智，契入真如實相而得解脫。

【原文 11】

我法二障各二〔1〕

「分別我法執」〔2〕　此二執在八識本無。至有生〔3〕後，八識種子還生七識現行，逐染第六意識，於人、法二障生慢、疑、邪見等現行，起我、非我、法、非法虛妄分別，流注前五同時意識中，增長貪瞋癡等；直至地前資糧圓足，入見道位，意識初轉，則現行二執不復生起。故第六《頌》云：「發起初心歡喜地」〔4〕。第七《頌》云：「極喜初心平等性」〔5〕。以七識為分別根本，六識為分別現行。此二執於六識生，即資六識而滅。以觀門妙察照破二執本非實有，皆以因緣合集而成，逐得脫離出纏〔6〕，不復生起無明煩惱粗相。

「俱生我法執」〔7〕　此二執乃無始時來以七識所染現行，熏成八識種子，伏於隱微，為生死根本。七識拘定一竅之光，為八識見分，逐與根身器界相依成彼之境，為八識相分。其執見分為自內我，不能打破疆界，認根身為法器，乃至菩提自我得，涅槃自我證，皆是我執。其依相分安立境界，乃至知有法可證，有佛可學，皆是法執。此二執非見道位中所可還滅，以見道位中以人空、法空二觀，折伏現行二障，而能觀者即是我，所觀者即是法，縶在未生以前，如影隨形，雖日月鐙光暫滅而

隱，究竟形未滅而影相暗存，不緣六識生，不於六識轉，非觀所能斷絕。須於修道位〔8〕行起解滅漸次成熟，至不動地〔9〕，不勞自己功用，無能觀之我，則此我執摧滅，而猶有道可修，有佛可學，法執未除。至金剛道〔10〕後，盡捨八識種子，法執方淨，然尚未能現大光明，合十方塵剎爲一智所攝，尚有微細法執，不能入異類〔11〕，合四智成一智〔12〕，息三界苦輪。必至佛位，具四無礙智〔13〕，俱生法執方得滅盡無餘。

【注釋】

〔1〕我法二障各二章：論述對產生我、法二執的二種障礙如何破除。

〔2〕分別我法執：爲邪教、邪師所誘導，分別計度、固執我法爲實有，叫分別我法執。

〔3〕有生：指一期生命誕生至命終，也指生命的不斷輪迴過程。

〔4〕歡喜地：指見道位中功已圓滿，生人歡喜，但與八識全不相應，屬於修證剛開始階段。參下第 28 十地章。

〔5〕平等性：即證知自他平等的道理，從初地開始，至修道位不平等之根斷絕無餘，至佛果位而完成。

〔6〕出纏：纏，指煩惱，如同纏縛身心的繩索。出纏，即跳出煩惱而得解脫。《成唯識論》：「異生類恒處長夜，無明所盲，惛醉纏心，曾無醒覺。」〔註12〕「佛是能仁、有智慧、善機情，……是大寂滅，在纏名如來藏，出纏名大法身。」〔註13〕

〔7〕俱生我法執：與己身俱生，而對我、法妄生執著，叫俱生我法執。

〔8〕修道位：指修四諦道法，斷欲界思惑，而證第二果斯陀含、第三果阿那含之階位。

〔9〕不動地，指無分別智任運相續而起作用，煩惱不能動搖。

〔10〕金剛道：或稱金剛心、金剛喻定，實是妙觀察智的別名。指菩薩修行將成佛時，先起金剛喻定，由於觀智明利堅強，能斷所知、煩惱二障種習，堅固無比，猶如金剛，所以名爲金剛道，亦名無間道。

〔11〕入異類：異類，指另一類衆生。入異類，即指接引、度化不同的衆生。

〔12〕合四智成一智：即成所作智、妙觀察智、平等性智、大圓鏡智合爲後得智。《成唯識論》卷十說：「如阿賴耶亦緣俗故，緣眞如故是無分別，緣餘境故

〔註12〕《成唯識論校釋》，卷五，第 320 頁。
〔註13〕江西大寂道一禪師語錄，見《景德傳燈錄》。

後得智攝。其體是一隨用分二，了俗由證眞，故說爲後得。」〔註14〕

〔13〕四無礙智：指對法義的解悟、宣講、弘傳通達無礙的四種智慧。《大涅槃經》
　　　卷十七：「菩薩摩訶薩能如是知，得四無礙：法無礙、義無礙、辭無礙、樂說
　　　無礙。」〔註15〕

【今譯】

對我、法執妄加分別的兩種障礙章：

分別我執、法執：這兩個分別在第八識是本來沒有的。到一期生命誕生後，第八識所含藏的種子被第七識執著，成爲第七識固有的東西而顯現，從而染污第六意識，對我執、法執的虛妄認識，顯現爲傲慢、懷疑、偏見，產生世界有永恒不變的實體和萬物的虛妄分別。這些虛妄分別流注、影響到前五識中，於對外境直觀的同時，增長了貪嗔癡等煩惱。直至達到一定見地、積聚了足夠資糧的見道位，意識、思維初步開始轉換，這二種障礙不再生起。所以《唯識三十頌》的第六識頌說：「發起菩提心，始入歡喜地」；第七識頌說：「極致歡喜地，心契平等性。」這是因爲第七識是產生分別我、法二執障礙的根本，第六識是其具體體現。這二種障礙從第六意識體現出來，也就促成第六識的轉換。因爲第六識轉爲妙觀察的智慧，就可識破二執本來無物的要害，明瞭一切都是因緣和合的道理，從而走出煩惱的束縛，得到解脫，不再生起無知、煩惱等粗淺認識和障礙。

俱生我執、法執：是從久遠的宿世以來第七識執著種種業障的顯現，熏成八識種子，潛伏於陰暗、細微之處，從而成爲生死輪迴的根本。第七識局限於一孔之見，執八識見分爲自內我，不能打破局限，錯把對有限的根器的直觀作爲無限的法味，把證悟菩提、趨向涅槃之境界作爲我證、我得，即成俱生我執。另一方面，認爲八識的相分有其境界，堅執有法可證，有佛可學，遂成俱生法執。俱生我法二執不是在見道位可以還滅，需經見道位中以我、法皆空折服所顯現的二種障礙，而有我爲能生、諸法爲所生，形成宿世以來業力的影響，雖然日月變遷，如燈光明滅有時不同，畢竟影像猶存，不是僅僅由於第六識而產生，也不會隨第六識的流轉而轉化，不是修觀所能摧滅的；而且以爲有道可修，有佛可學，仍是對法的執著的表現。須到金剛道獲

〔註14〕　《成唯識論校釋》，卷十，第 690 頁。
〔註15〕　大正藏第十二冊《大涅槃經》卷十七梵行品第八之三。

妙觀察智後，徹底放下八識的種子，法執方盡，但仍然未到現大放光明的境界；到了十方塵塵刹刹都行持後得智的至理，還有一分微細的法執未盡，還不能接引、度化不同類的眾生，不能和合成所作智、妙觀察智、平等性智、大圓鏡智為後得智，止息三界痛苦的輪轉；必須到佛果位，具備修法無礙、解義無礙、言辭無礙、樂說無礙的智慧，方滅盡無餘。

【評析】

　　「我法二障各二」章　王恩洋說，可改為「我法二執」章。我法二執，有二種：一、為邪教、邪師所誘導，分別計度，固執我、法為實有，叫分別我法執；二、與己身俱生，而對我、法妄生執著，叫俱生我法執。分別我法執主要特點，在於對我、法妄加分別，把它們分為「我」與「非我」、「法」與「非法」，助長了貪、嗔、癡等業障，其分別現行在第六識，而根由仍在第七識。只有用妙觀察智觀照二執，才能脫離煩惱的束縛。俱生我法執是第七識執著於宿世的業障，熏成八識種子，堅持不捨，從而成為生死輪迴的根本，一方面，它執八識見分為自內我，把證悟菩提、趨向涅槃之境界作為我證、我得，即成俱生我執；另一方面，認為八識的相分有其境界，堅執有法可證、有佛可學，遂成俱生法執。俱生我法二執需經見道位、修道位、不動地，我執摧滅；至金剛道獲妙觀察智後，法執方盡；至佛果位方滅盡無餘。這是從漸修的觀點而言斷我法二執。如果從密示頓宗的觀點說，則直接斬斷末那，頓悟佛性。詳「六位心所」及「八識轉四智次第」章。

（五）認識的證悟和心理感受

認識的證悟在於提升主體認識、自我審察和完善能力，回歸善良本性智光的照耀。認識主體對外境有苦樂憂喜的不同心理感受；認識真理和道德修持有其內在的因果聯繫、不同發展階段和不同境界。

【原文 12】

四分 [1]

分者，八識位中各各所證之分量 [2] 也。前二分無後二分，第三分不能證第四分。安慧 [3] 建立三分，護法 [4] 加立第四。

「見分」[5]　　能見者爲見分。

「相分」[6]　　所見者爲相分。然惟能見方有所見；所見者非眞實相，因我能見，認爲實相，見異則相亦異，如羅刹見雨成刀，雨遂有刀相。故謂此二如蝸牛二角，合則一，離則二也。第八相應心品 [7] 有作意、想、思，乃其見分；觸、受二品所觸、所受，四大、六塵，即其相分。第七以八識作意、想、思生起別境之慧，爲其見分；認第八所有遍行光明之量爲可執之實，乃其相分。第六以己遍行、別境、不定心所爲其見分，以第七非量及前五根境現量爲其相分。前五以瞥爾現前之知見與同時意識和合者爲其見分，以五浮塵根及色聲香味觸之境緣爲其相分。

「自證分」[8]　　自證者，不起見，不緣相，而自有能證之體，唯第八心王有之，乃見相之總持 [9] 也。前七無。

「證自證分」[10]　　以眞如智光灼知八識，即是如來藏證知八識心王

生滅之因。此唯第九白淨識〔11〕有此分，自其證八識銓真，則謂之白淨識；自其普照一切見相，則謂之大圓鏡智。

【注釋】

〔1〕四分：指八識心王、心所在證悟中所起的四種不同作用和份量，包括相分（所證對象）、見分（證悟主體、證悟的能力）、自證分（自我記憶、檢驗、完善的能力）、證自證分（終極證悟、審察的能力）。《成唯識論》說：「心、心所一一生時，以理推徵，各有三分：所量、能量、量果別故，相、見必有所依體故，如《集量論》伽他中說：『似境相所量，能取相自證，即能量及果，此三體無別。』又心、心所若細分別應有四分。三分如前，復有第四證自證分。」〔註1〕

〔2〕分量：指認識、識別、感受的不同功能和作用。《成唯識論》說：「心、心所自體相故，心與心所同所依緣，行相相似，事雖數等，而相各異，識、受、想等相各別故。」〔註2〕

〔3〕安慧：南印度羅羅國人，著作很多，有《辯中邊論疏》、《唯識三十頌釋》《五蘊論釋》《大乘阿毘達磨雜集論》《大寶積經論》《大乘中觀釋論》《俱舍論實義疏》等。其中《唯識三十頌釋》，漢文未譯，現存梵文本，爲法國巴黎列維博士的校本。安慧以阿賴耶識爲一切雜染法種子的住處，一切法爲阿賴耶識所藏的果，阿賴耶識是一切法的因，故說一切法即是阿賴耶識；由此阿賴耶識而生起思量及了別識，結果又歸於阿賴耶識。安慧主張認識必須有自我記憶、檢驗、完善的能力，即自證分。參《成唯識論校釋》，卷二，第136頁。

〔4〕護法：爲六世紀中葉印度大乘瑜伽行唯識學派重要論師，因明學大師陳那的門生。玄奘大師譯介的法相唯識宗理論，即依護法論師的見解爲主，參考其它論師的意見編譯而成。門下有戒賢、最勝子、智月等著名弟子。在唯識方面，他最先提倡見分、相分、自證分、證自證分「四分說」。

〔5〕見分：指認識、了別的能力。

〔6〕相分：指認識的對象。

〔7〕相應心品：指與認識主體相應的所認識、能認識和了別等質素。

〔8〕自證分：指對認識對象具備認識、記憶、檢驗能力的主體。《成唯識論》說：

〔註1〕《成唯識論校釋》，卷二，第135頁。
〔註2〕《成唯識論校釋》，卷二，第134頁。

「相分是所緣，見分名行相。相、見所依自體名事，即自證分。此若無者，應不自憶心心所法，如不曾更境，必不能憶故。」〔註3〕

〔9〕總持：指總體把握法義，使善不失，令惡不起。《成唯識論》說：「成就勝定大法總持，能發無邊妙慧光故。」〔註4〕《圓覺經析義疏》卷第二：「陀羅尼，此云總持。謂總一切法，持無量義故。因能總一切法，持無量義，故益以門名，謂一切法從此出生，一切義由此歸盡。」

〔10〕證自證分：指具備終極證悟、審核、檢驗自身量度結果的能力的白淨識。

〔11〕白淨識：譯作庵摩羅識，法性宗所立，又稱無垢識，是第八識轉為大圓鏡智後回歸最極清淨、如如而來的本體。《成唯識論》說：「無垢識，最極清淨，諸無漏法所依止故，此名唯在如來地有。菩薩二乘及異生位持有漏種可受薰習，未得善淨第八識故，如契經說：『如來無垢識，是淨無漏界。解脫一切障，圓鏡智相應。』」〔註5〕

【今譯】

「四分」章　四分，是指八識心王、心所在證悟中所起的不同作用和不同份量。四分的頭兩分相分、見分，沒有後面兩分自我檢驗、證悟和記憶（自證分）及終極判斷、檢驗（證自證分）的功能；第三分自證分也不能證驗第四分證自證分。前三分是安慧所倡導的，而護法加立第四分。見分，是能認識、了別的主體；相分，是所認識、了別的對象及其境界。只有具備認識主體和能力，才能有所認識的對象及其境界。所認識的對象及其境界其實不一定是真實的存在物，因為主體能認識和了別，就以為已把握了事物的真實性，其實，認識的主體和能力不同，所認識的對象及其境界也就不一樣。好比羅剎見到下雨，如同下刀一樣，所以才顯示刀的虛幻相狀。因此，見分、相分二者好比是蝸牛的兩個角，合起來是一個，分開則成兩個。

與第八識相應的認識主體有造作、思維、判斷等能力，而所接觸、感受的，如四大（地水火風）、六塵（色聲香味觸法）等，是其認識對象。第七識執持第八識的造作、思維、判斷等能力生起特別的認識、執著功能，作為自己的見分，以其普遍發生作用、能放大光明的實在物為認識的對象。第六識以自己的普遍或特殊地發生的意識作用或其不確定性為認識主體，以第七識

〔註3〕　《成唯識論校釋》，卷二，第134頁。
〔註4〕　《成唯識論校釋》，卷九，第639頁。
〔註5〕　《成唯識論校釋》，卷三，第188～189頁。

的虛幻認識和前五識的直接證悟爲其認識對象。前五識以其直觀的感覺及與同時產生的意識符合者作爲認識能力，以五種物質性的器官及色、聲、香、味、觸的境象爲所認識的對象。

自證分，是能自己證悟者。自證分不限於主觀能見之力，也不局限於所緣的法相，自己本身卻有證悟之體和能力。第八識心王具備自證分的資格，其餘七識不具。

證自證分，能證知八識心王生滅之因，這只有第九白淨識才具有。相分、見分不能由自己證悟，僅第八識心王可以自證。但自證分雖然自證，不能證其它自證分，只有證自證分才能證知八識心王生滅之因。這只有第九白淨識才具有。白淨識又名庵摩羅識，法性宗所立。譯作無垢識、清淨識，又叫如來藏。從第九識能顯現第八識的眞實如如，叫做白淨識；從其能普遍顯現八識一切見分、相分之眞實，叫做大圓鏡智。

【評析】

「四分」章揭示八識心王、心所在證悟中所起的四種不同作用和不同份量。四分即相分、見分、自證分、證自證分。這第三分是陳那所立，船山誤說「安慧建立三分」，當據王恩洋說校改。船山說：「前二分無後二分，第三分不能證第四分，安慧建立三分，護法加立第四，」王恩洋認爲文義不合，應改作：「前二分無第三分不能自證，無第四分不能證自證。陳那建立三分，護法加立第四。」其實，除安慧與陳那的區別外，船山所說與王恩洋並不矛盾。王說可參考。

見分，指具有審慮、推求、抉擇事理的能力。相分，是識中所顯諸法之實相。二者的關係是：「唯能見方有所見」，即能見決定所見。而且，所見不完全都是眞實，可能是主觀上的眞實，如雨的相狀像刀，說雨有刀相，只是比量而已。這裡能見決定所見，不是唯心主義的主觀決定客觀，而是從主觀對於客觀的反作用而言，即主觀認識能力、方法、價值判斷會作用於認識對象，會影響、決定認識的結果、效果。

自證分，是能自己證悟者，本身具有證悟之體和能力。這不是「不生能見之力，不以他法相爲緣」，而是不限於前七識主觀的認識、判斷、抉擇能力，也不直接接觸所緣的法相，才能擔當自證分的任務。故第八識心王具備自證分的資格，其餘七識不具。

證自證分，以第九識的眞如智慧光芒顯現第八識的清淨眞實本體，證實心

王生滅的根本原因，叫做白淨識。從其能確證本體的眞實性，叫白淨識；從其能普遍顯現一切見分、相分之眞實，叫做大圓鏡智。這種眞如智慧光芒，與心王是「非即非離」、「非一非二」，既相統一，又有區別，當是人的心性在靜寂的狀態下閃現的智慧光芒，故能擔當證自證分的終極審核的重任。開發這種心靈智慧之光，正是法相宗顯說漸教、秘示頓宗，改造吾人心性的任務之一。

王恩洋認爲：「此一大段文章是船山憑想像力臆造，沒有經論的根據。」按：船山此說雖摻雜法性宗之成分，但不是無經典根據，護法建立第四分，以及關於白淨識之說，亦有所依據。《成唯識論》論述說：「心心所若細分別應有四分，三分如前，復有第四證自證分。此若無者，誰證第三？心分既同，應皆證故。又自證分應無有果，諸能量者必有果故。不應見分是第三果，見分或時非量攝故。由此見分不證第三，證自體者必現量故。此四分中前二是外，後二是內。初唯所緣，後三通二。謂第二分但緣第一，或量、非量，或現、或比。第三能緣第二、第四。證自證分唯緣第三，非第二者以無用故，第三、第四皆現量攝。故心、心所四分合成，具所、能緣，無無窮過，非即非離，唯識理成。」而且，四分之說對於判斷認識的眞僞、乃至善惡、貪廉，建立現代科學的、既有明確分工，又相互制約的、完善的紀檢、監察和自我完善機制、制度等，都有重要的啓迪意義。

【原文 13】

五受 [1]

八識所受外緣，於身心有此五種差別：
「憂」[2]　　逆境未至而先逼心。
「喜」[3]　　順境可得而先悅心。
「苦」[4]　　逆境逼身。
「樂」[5]　　順境樂身。
「捨」[6]　　不逼不悅；若一切隨緣應得受用，憂喜苦樂俱不相應，名爲捨。

前五有苦、樂、捨三受；憂喜不關身，故無。七八二識，憂喜苦樂俱未曾領納，唯有捨受，遍受一切，未分別故。第六憂喜最重，苦樂雖在身，而意亦領納；若隨緣起意 [7]，雖極思量，不見苦樂，無所憂喜，則

是捨受，意識具全。

【注釋】

〔1〕五受：受，指內心對外境的五種不同感受。《成唯識論》說：「受謂領納順、違、俱非境相爲性，起愛爲業，能起合離，非二欲故。有作是說，受有二種：一境界受，謂領所緣；二自性受，謂領俱觸。」〔註6〕

〔2〕憂：對逆境將至產生憂惱的感受。

〔3〕喜：對順境產生喜悅的感受。

〔4〕苦：對逆境產生苦痛的感受。

〔5〕樂：對順境產生快樂的感受。

〔6〕捨：對不順不逆之境產生無苦無樂的感受。

〔7〕隨緣起意：即面對外緣有正確的意識。相當於《成唯識論》所說的帶有主動接觸的自性受，不同於被動地接受外境而產生的境界受。

【今譯】

五受，指心識對所領納的境緣，在身心上有五種不同的感受。憂受，是對逆境將至產生憂惱的感受。喜受，是對順境產生喜悅之感受。苦受，是對逆境產生苦痛的感受。樂受，是對順境產生快樂的感受。捨受，是對不順不逆之境產生無苦無樂的感受。如果一切都能隨順因緣且得到眞實的受用，憂愁、喜悅、痛苦、快樂都和自己不相應，這就叫捨。

前五識有苦、樂、捨三種感受；因爲憂、喜等心理與感官的直覺無關，所以無憂也無喜。第七、八二識因對憂喜苦樂都沒有主動去領受、接納，所以只有捨的感受，這是因爲對一切外境都能普遍接納，不作分別的緣故。第六識憂喜最重，因爲憂喜最重，苦樂在身，意識上也主動去領受、接納。如果能隨順因緣，有正確的意識，雖然思慮至極，也能做到不見苦樂、無所憂喜，那麼這種捨的感受，在第六識就完全體現出來了。

【評析】

五受章　論心識對所領納之境緣的不同感受。憂惱、喜悅、苦痛、快樂的感受和無苦無樂感受，都是人之常情。前五識有苦、樂、捨，無憂喜之感受；第七、八二識唯有捨受，第六識憂喜最重，也有捨受。修道之人關鍵是

〔註6〕《成唯識論校釋》，卷三，第155頁。

隨緣起意，捨得放下，就會「不以物喜，不以己悲」，在順逆的各種境況下不見苦樂、無所憂喜，這就是從第六意識契入，從而對外境萬緣保持應有的態度和心理素質。禪修的契入點正在於意識的覺醒。《成唯識論》卷七論意識的尋思（伺）說：「尋謂尋求，令心匆遽於意言境，粗轉為性。伺謂伺察，令心匆遽於意言境，細轉為性。此二俱以安不安住身心分位所依為業，並用思慧一分為體，於意言境不深推度及深推度義類別故。若離思慧，尋伺二種體類差別不可得故。」卷九說：「靜慮有三種，謂安住靜慮、引發靜慮、辦事靜慮。般若有三種，謂生空無分別慧、法空無分別慧、俱空無分別慧。」意識的覺醒，就是聞、思、修的智慧，由安心、專一的有分別智慧到無分別的智慧。《釋摩訶般若波羅蜜經覺意三昧》說：「諸法雖復眾多，但舉覺意以明三昧，其義苞含靡所不攝也。」〔註7〕覺意以明三昧（定），只此而已。

【原文14】

三界九地〔1〕

地猶位也。修行此地之染淨為因，成就託生為果。因以從染入淨，次第而臻，隨因得果，九等差別以分，要為從根求淨。誤以八識為聖證〔2〕，上地報盡，還生下地。故頌云：「界地隨他業力生」〔3〕。

「三界」　界，限也。四果四空〔4〕，相因成熟，故通為二。

一「五趣雜居地」〔5〕　人、天、畜生、餓鬼、地獄為五趣。趣有意趣、趣生二義。意趣為因，趣生為果。此天趣乃有分段生死，不知佛法。此宗專說當人八識，而旁及天、鬼、畜、獄，以人造彼因，必墮彼果〔6〕者言也。

二「離生喜樂地」〔7〕　發有為心，出離生死，以淨行為喜樂，在四果中為須陀洹〔8〕。此地折伏鼻舌二識，雖有勝用根聞香知味，而不起愛香甘、憎臭苦分別。

三「定生喜樂地」〔9〕　既發願出離，志不退轉，決定依淨樂生住，在四果中為斯陀含〔10〕。

四「離喜妙樂地」〔11〕　修習淨行，不因忻慕，自領淨樂，在四果中為阿那含〔12〕。

五「捨念清淨地」〔13〕　無待欣樂，與淨行自然相安，與五欲自然不

染，在四果中爲阿羅漢〔14〕。

以上四地，乃人中修學二乘所得果地，皆從六根折服現行煩惱。不知唯識法即轉成智，不能還滅根本煩惱及所知障。若於此發廣大心，從四加行〔15〕、二資糧〔16〕進發心歡喜地，即入佛乘。若但成熟不捨，墮後四地天趣中。

六「空無邊際地」〔17〕　滅盡根塵，一空無所不空。

以下不復來生人間，然報盡仍墮五趣，以八識種子未得還滅也。

七「識無邊際地」〔18〕　折伏七識一分粗障，據第八識爲涅槃境。

八「無所有處地」〔19〕　八識心所不現，心王不滅。

九「非非想處地」〔20〕　不滅之八識時現光影，而不能成普照之圓明。

以上四地，乃四空位，隨其願力功德，依空而住，不生人間，乃阿羅漢修證之極果也。

初地爲欲界；二地至五地爲色界，不起欲想而依色託生；後四地爲無色界，不依色託生，處於空虛，有無不定，漸高漸上，依空界住，無三有、五蘊，但八識不轉，報盡還生。

【注釋】

〔1〕三界九地：三界，指一切眾生所有煩惱之業果，分色界、欲界、無色界。九地，指欲界五趣雜居之地，色界四禪天分爲四地，無色界四地。三界九地指從染入淨，從因到果，從不成熟到成熟的修行過程。

〔2〕聖證：指得到聖靈的證驗和呵護。《首楞嚴經》說：「又以此心研究精極，見善知識，形體變移，少選無端種種遷改。此名邪心含受魑魅，或遭天魔入其心腹，無端說法，通達妙義，非爲聖證，不作聖心，魔事銷歇；若作聖解，即受群邪。」〔註8〕禪修到一定程度所顯現的境界，不論善惡，都不是得到聖靈證驗和呵護，不可執著，所謂「魔來魔斬，佛來佛斬」是也。

〔3〕界地隨他業力生：見《唯識三十頌》。由於前六識造業的力量，阿賴耶識就跟隨著善惡的業力，引發本身的功能，輪轉於三界九地。

〔4〕四果：四果，指四聖果：須陀洹、斯陀含、阿那含、阿羅漢。四空，指空無邊際地、識無邊際地、無所有處地、非非想處地。見下注。

〔5〕五趣雜生地：爲有情之物往來及生成之果地。

〔6〕人造彼因，必墮彼果：指八識與諸法的因果必然聯繫。《成唯識論》說：「阿賴耶識與諸轉識，於一切時展轉相生互為因果。《攝大乘論》說：阿賴耶識與雜染法互為因緣，如炷與焰展轉生燒，又如束蘆互相依住，唯依此二建立因緣，所餘因緣不可得故。」〔註9〕

〔7〕離生喜樂地：指已離開欲界惡生、喜樂的感受，初入聖道的階位。

〔8〕須陀洹：是聲聞四果中初果之名，舊譯入流、逆流，新譯為預流，即入於聖人之流，達到究竟解脫的初步階段。證須陀洹果者，永不墮三惡道，然而尚須於人、天中往返投生，漸漸修行至二果斯陀含、三果阿那含，七次往返後證四果阿羅漢，方斷盡見思煩惱而永脫輪迴。《雜阿含經》：「爾時，世尊告諸比丘：『有五根，何等為五？謂信根、精進根、念根、定根、慧根。若比丘於此五根如實善觀察者，於三結斷知，謂身見、戒取、疑，是名須陀洹，不墮惡趣法，決定正向於正覺，七有天人往生，究竟苦邊。』」

〔9〕定生喜樂地：指住於勝妙的禪定，生起心識喜樂的階位。

〔10〕斯陀含．梵語，意為於欲界九品思惑之中，已斷前六品，後三品猶在，故須在天界與人間至少往返一次，此後就能證得四果，得到解脫。

〔11〕離喜妙樂地：為已斷界見惑及欲界九品思惑，將生色界、無色界，再不生於欲界的階位。

〔12〕阿那含：梵語，譯為不來、不還，為聲聞乘的第三果，證此果位將不再回還欲界而證涅槃。

〔13〕捨念清淨地：是殺盡煩惱賊，受人天供養，永入涅槃，再不受生死果極之階位。

〔14〕阿羅漢：意為應供、殺賊、無生，簡稱為羅漢，是依照佛的教導修習四聖諦，脫離生死輪迴，達到涅槃的聖者。

〔15〕四加行：指準備入正位，更加一番努力修行的階段，有暖、忍、頂、世第一四種差別。《成唯識論》說：「加行位，謂暖、頂、忍、世第一法，近能引發根本位故。」〔註10〕詳下文。

〔16〕二資糧：指為趨向無上菩提，修集布施、持戒等種種善行，成就見道的福德、智慧資糧。《成唯識論》說：「資糧位，謂從為得諦現觀故，發起決定勝善法欲，乃至未得順決擇分所有善根，名資糧位，能遠資生根本位故。」〔註11〕

〔註9〕　《成唯識論校釋》，卷二，第116頁。
〔註10〕　《成唯識論校釋》，卷七，第510頁。
〔註11〕　《成唯識論校釋》，卷七，第510頁。

〔17〕空無邊際地：是厭形色之身，思無邊之空，作無邊之解所生之處，也就是無色界。此地根塵滅盡，但八識種子未斷滅，故仍有墮五趣的可能。

〔18〕識無邊際地：即識無邊處地，為無色界之第二天，四空之第二，此地識體仍存在，故為識無邊之處所。

〔19〕無所有處地：為無色界之第三天，四空之第三，此地識無邊、觀所緣皆無所有。

〔20〕非非想處地：即非有想、非無想之地，為四空之第四。在三界最頂處。

【今譯】

「三界九地」章　地，指修行到達的階位。修行階位是處在染污還是清淨，是成功的原因，託生何處是業力所結的果實。論原因，須從污染逐步入淨，依循一定次第而成就；隨因得果，則有九等差別。從根本上說，須從源頭上求淨。如果誤以第八識就是得到聖靈的證明和呵護，那在上等的階位福報享盡，還生下一等的階位。所以《唯識三十頌》說：「界地隨他業力生。」阿賴耶識隨著善惡業力，會輪轉於三界九地。三界的界指界限。須陀洹、斯陀含、阿那含、阿羅漢四果和離生喜樂地、定生喜樂地、無所有處地、非想非非處地四空密切契合，二者息息相通。

第一，五趣雜生地，為人、天、鬼、畜生、地獄等有情之物往來、生成的果地。趣，有意趣、趨向二種涵義。意趣為因，趨向為果。在這一層天只有分階段地輪迴生死，不知道有佛法。唯識宗主要說人的八識的功用，旁及天、鬼、畜生、地獄，這是就天、鬼等都是人造業的必然結果而言的。

第二，離生喜樂地，行者於此地發願跳出生死輪迴，以清淨修行為喜樂，在聲聞四果中為須陀洹果，初入聖道之流。此地折伏鼻、舌二識，雖然鼻舌等感覺器官仍然能聞香、知味，卻不起愛憎、香甜等分別、計較。

第三，定生喜樂地，行者發願出離生死輪迴，立下百折不撓的志向，決定依清淨快樂處所為久居之地，在四果中為於欲界往返一次、不再受生的斯陀含果位。

第四，離喜妙樂地，修習清淨梵行，不再欣慕生於欲界，自覺清淨快樂，在四果中屬於不再往返欲界的阿那含果。

第五，捨念清淨地，行者連欣喜、快樂也已捨棄，與清淨梵行自然相應、相安，欲界的煩惱自然不再沾染，屬於聲聞乘四聖果最高果位阿羅漢果。

以上四個階位，是人乘佛教小乘所得果位，都從六根契入，折伏現實存

在的煩惱。殊不知唯識法門即使轉識成智，還不能徹底克服根本煩惱及在知識層面的障礙。

第六，空無邊際地，此地形色之身及對事物的見解都能超脫，一空無所不空。以下階位不再來生人間，然而福報享盡，仍然可能墮落人間等處所，因爲八識種子尚未徹底斷滅。

第七，識無邊際地，此時雖折伏七識的粗障，仍據第八識以爲涅槃的境界。

第八，無所有處地，此地八識心所都不顯現，但心王不滅。

第九，非非想處地，此時心想雖有若無，但八識不滅，時現光影，故仍不能融入普照大千世界的圓成實性中。

以上階位成爲四空位，隨行者的願力功德，依憑無色天的空間而住，不生人間，是阿羅漢修行的極果。初地爲欲界，二地至五地爲有質礙的色界，超脫了欲望而依憑色界託生。後四地爲無色界，不再依託有質礙的色界而生存，處於虛空、有無不定之中，漸高漸上，依憑無質礙的空間而住，不再有前有、中有、後有之身，也無色、受、想、行、識等物質、精神活動，但如果八識不徹底轉爲智慧，福報享盡，還會轉生。

【評析】

「三界九地」章　包括一切眾生所有煩惱之業果及修行所達到的不同階位。三界即色界、欲界、無色界；九地，指欲界五趣雜居地，色界四地，無色界四地，共爲九；包括從染入淨，從因到果，從不成熟到成熟的修行過程。如果到某一階段停止修行了，未得根本，仍會流轉、輪迴不斷。

第二至第五地，是世人超越欲界，於色界修學所得果地，斷欲界之現行煩惱，不能滅根本煩惱及所知障。阿羅漢果是聲聞乘四聖果之一，不是大涅槃之極果。要修道成佛，必須進而入佛乘，滅根本煩惱及所知障。

第六至第九地，爲三界的無色界。此時心想雖有若無，但八識不滅，時現光影，故仍不能成爲普照之圓成實性。意爲修行至成阿羅漢，超越物質（欲、色界）、精神（無色界），仍要徹底斷除八識，轉爲四智，乃至識與智都不再分別，連分別、不分別都徹底放下，方爲究竟成佛而得到覺悟。

王恩洋按：「既說『爲羅漢修證之極果』，又說『報盡還生』，這與大小乘經論均不合，因爲羅漢是『生死已盡，不受後有』的。」王說可從。

（六）生命、生死與第六、七識

　　第八識作為認識和生命的本體，存在於前有身、中有身和後有身三種不同生命形態中；人的生死有分段與變易兩種不同形式；認識主體所引發的作用有其普遍性與特殊性，分別產生善、煩惱、不定等各種複雜的心理現象，在第六意識集中反映出來，而流轉之根禍生於末那識。

【原文 15】

三有身 〔1〕

　　「前有身」〔2〕　謂壽命欲盡時，根已壞，前六無依，亦隨壞滅，唯八識依壽暖〔3〕尚在時。

　　「中有身」〔4〕　八識離根，為七識薰染，不能解散，於虛空中摶結〔5〕。自非速墮地獄者，一七日成此身，待緣託生。

　　「後有身」〔6〕　中有身遇父母交合，見一線之光，投入母腹，初七名羯喇藍〔7〕，二七名額部曇〔8〕，三七名閉尸〔9〕，四七名健南〔10〕，五七名鉢羅奢伽〔11〕，以後生髮毛指爪，具諸浮塵根，至於出胎，其受想行識即隨色住。

　　此眾生死此生彼中間三位，八識蘊結，不空而有〔12〕，一謂之三陰身〔13〕。

【注釋】

〔1〕三有身：指眾生生死輪迴中間心識所經歷的三個階段，從前有到中有即由生到死，由中有到後有即由死復轉生。

〔2〕前有身：指眾生由生至死亡，身體尚有一定溫度，第八識尚存之時的神識。《成唯識論》稱生後、死前的神識（生命形態）為本有：「從中有至本有中未衰變來，皆生支攝。」〔註1〕

〔3〕壽暖：生命即將結束、身體尚有一定溫度的階段。

〔4〕中有身：即中有，又稱中陰身、神識，為此生至來生主宰生存意願、生命的識體。《成唯識論》：「或名意成身，隨意願成故，如契經說。如取為緣有漏業因，續後有者而生三有；如是無明習地為緣無漏業因，有阿羅漢、獨覺已得自在菩薩，生三種意成身，亦名變化身，無漏定力轉令異本如變化故。」〔註2〕《俱舍論》卷十載，死亡瞬間至來生出世之剎那（即投胎、入母胎內），其中間時段稱「中有」。因僅有意識存在，並無實質肉體，乃由意識作主宰幻化而來，非父精母血孕育所成，故稱意生身、意成身或化生身。中陰身、識神是不空而有、有而非有的識體，不是世俗所謂靈魂，其轉生時日也不可執著。《印光大師全集·問答擷錄》：「中陰，即識神也。非識神化為中陰，即俗所謂靈魂者。言中陰七日一死生，七七日必投生等，不可泥執。」

〔5〕搏結：凝聚、結合。

〔6〕後有身：眾生由死亡後投胎，開始新一期生命，稱為後有身。

〔7〕羯喇藍：指胎兒最初的形態。《唯識開蒙問答》：「問：在胎五位？答：一羯喇藍，翻名雜穢，在初七日。二頞部曇，此翻皰，在二七日。三名閉尸，此云凝結，在三七日。四名建南，此云凝厚，在四七日。五鉢羅賒伽，此云形，在五七日。六髮毛爪位，七具根位，後漸增長，至十月時，圓滿而生。」〔註3〕

〔8〕頞部曇：指胎兒已初步形成皰狀形態。

〔9〕閉尸：指胎兒初步凝聚形態。

〔10〕健南：指胎兒初步凝厚形態。

〔11〕鉢羅奢伽：指胎兒初步成形。

〔12〕八識蘊結，不空而有：指前有、中有、後有三身，是第八識神識蘊聚在一定階段存在的生命形態，不同於脫離肉體永恒存在的所謂靈魂。

〔註1〕《成唯識論校釋》，卷八，第546頁。
〔註2〕《成唯識論校釋》，卷八，第560頁。
〔註3〕《卍續藏》第55冊雲峰集《唯識開蒙問答》。

【今譯】

「三有身」前有身，指眾生壽命臨終時，內臟、器官已壞，前六識的感覺、意識功能失去依靠，隨即喪失，但第八識的神識隨著體溫的存在仍然在起作用。

中有身，即眾生至死時第八識雖然離開人的根身，而由於七識的薰染，仍在虛空中摶結，除了那些犯嚴重罪行速墮地獄的人，在七天之內就會等待機緣而轉移、託生。

後有身，指眾生命終之後，其神識遇父母交合的因緣，看到一隙之光，就會投入母胎，初七天成模糊形態，第二個七天胎兒成皰狀，第三個七天初步成凝聚狀態，第四個七天成凝厚狀態，第五個七天胎兒初步發育成形，以後頭髮、毛、指甲，具備物質性的器官及至出胎，其感受、思維、行動、認識即隨色身逐步穩定產生。

這是眾生從臨終到死後投胎、另一期生命開始所經歷的三種生命形態，在第八識隨意識而發動、轉移、重新凝聚身心變化過程的不同階段各有其特點。

【評析】

「三有身」章　指眾生生死輪迴中間神識所經歷的三個階段。中陰身超度也是佛教臨終關懷理論的重要依據之一。從前有到中有即由生到死，由中有到後有即由死復轉生，進入新一輪生命境界。干恩洋按：「三有身」應作「四有」。此以「死有」為「前有身」，「中有」為「中有身」，「生有」為「後有身」，而獨缺「本有」，則界趣不顯，異熟之果不著了。王說可參。《成唯識論》卷八說：「生老死，是愛、取、有，近所生故，謂從中有至本有，中未衰變來，皆生支攝。諸衰變位，總名為老。身壞命終，乃名為死。」正是生老死之間有「本有」之證。

前有身指眾生由生至死，第八識尚存之時。中有身，即眾生至死時第八識雖然離開人的根身，而由於七識的薰染，仍在虛空中摶結，等待機緣而託生。後有身，指眾生命終之後，其第七識遇緣投胎後所得之身心。初七、二七至五七為胎兒發育的不同時間與不同階段。所以，佛教的臨終關懷、「打七」乃至七七四十九天的超度，無非是使死者神識一心不亂，安心往生極樂，不至於神識錯亂而亂投胎，同時使親屬得到心理慰藉，寄託哀思，冥陽兩利。

瞭解中陰身爲有而非空、空而非有，既能主宰生命的存有和延續，又不同於脫離肉體而永存的精神性的「靈魂」，對於理解生命的實質和宗教的臨終關懷有啓迪意義。

【原文 16】

二類生死〔1〕

「分段生死」〔2〕　如一人報盡，中有身搏聚不散，還爲一人，乃至墮三惡道，報已還復受生；或修淨行，生種姓家，成四果〔3〕。淨染因果雖異，皆隨六根而轉。識依我執，終不捨離爲因；一類相緣，出沒生死爲果。

「變易生死」〔4〕　此生報盡，不復結爲中有一類相續之身，隨緣分合，其淨行成熟，超禪入空，捨世間五蘊，依空而住，不食段食〔5〕，不結浮塵根色。此上四地所得淨果，乃至劫終方始毀壞。其分別我執已盡，去一分末那，而法執末那亦不現前，唯阿賴耶識堅固未轉爲因而得此果。

【注釋】

〔1〕二類生死：指眾生與三乘聖人兩類不相同之生死，一爲分段生死輪迴，一爲超脫輪迴的變易生死。

〔2〕分段生死：指凡夫輪迴於六道，分階段受不同的果報。

〔3〕四果：即須陀洹、斯陀含、阿那含、阿羅漢四果。見上四果四空注。

〔4〕變易生死：指三乘聖人受界外淨土之正報，不再輪迴於六道。

〔5〕段食：指有情眾生爲生存分段嚼碎攝取精粗食物。《經藏‧相應部》：「諸比庫！有此等四食，使有情或眾生存住，攝受爲生。有哪四食呢？或粗、或細之搏食，二是觸食，三是意思食，四是識食。」〔註4〕

【今譯】

「二類生死」章　眾生與三乘聖人有兩類不相同的生死。

分段生死，是凡夫一期生命的業報結束後，中陰身仍然搏結不散，還可能投胎爲人，或輪迴於地獄、餓鬼、畜生等三惡道，果報受盡後還會受報；

〔註4〕《經藏‧相應部》，SN.12.11。

或者後世努力修清淨梵行，投生種姓之家，成就須陀洹、斯陀含、阿那含、阿羅漢四種果報。轉染、轉淨，因果雖不同，都是隨著六根而流轉，八識依循末那識的執著而相循不捨，成為一類相承不斷的因緣，從而產生出沒生死的果報。

變易生死，指三乘聖人此生果報已盡，不再結為中陰身一類相續的生命形態，而是隨緣分合，其清淨梵行成熟，超越世間禪定進入另外的空間，已無世間五蘊的物質、精神活動，依憑空間而住，不再如人間那樣分段攝取飲食，不會結成物質性的器官。

以上是在色界四地（離生喜樂地、定生喜樂地、離喜妙樂地、捨念清淨地）所修得的果報，直至一劫終了才能毀壞。其分別我執已捨去，末那也捨去一分，對諸法的執著也不再顯現，只有阿賴耶識還堅固未轉，才會有此結果。

【評析】

「二類生死」章，論眾生與三乘聖人的不同生死果報。

分段生死，是由於業力的作用，在六道輪迴不止。這是在色界四地所修得的果報，直至一劫終了才能毀壞。其分別我執已捨去，末那也捨去一分，對諸法的執著也不再顯現，只有阿賴耶識還堅固未轉之所致。變易生死則隨緣去住，超越於世間的物質、精神羈絆而存在，是謂無生而生。當然，分段生死和變易生死都不可執著。《成唯識論》曰：「既彼聖道必無生義，說當可生亦定非理。」〔註5〕

【原文17】

六位心所〔1〕

識之本體為心王。王猶主也，統領當位心所也。心王所發之作用為所。

一「遍行」〔2〕　八識皆有。遍者，遍四一切心也。

（一）「遍一切性」〔3〕。善、惡、無記皆因觸、受而生，作意而起，想、思而成。

（二）「遍一切識」〔4〕。謂八位識皆以此五種心所而為其體用。若此

〔註5〕《成唯識論校釋》，卷二，第 122 頁。

五心不動，止是無覆之光，識體不立，識用不行。自七識以下七位識所有遍行，皆是第八遍行流注。識雖有八，遍行無二。當其瞥爾與根身器界相緣起識者，即是八識遍行。觸八識相分而受之，因作意認為自內我，增長想、思，即是七識遍行。於觸、受、作意、想、思上諸分別，即於所觸受等更增分別觸受等相，而始終以此五為分別主，即是六識遍行。其八識一動，即分注五根，如一油透五鐙草，相緣起諸苦、樂、捨等違順，觸受作意想思，即是前五遍行。

（三）「遍一切地」〔5〕。謂三界九地，有此識則有此遍行心所。初地八識遍行俱全，二地以上除鼻舌二識遍行，六地以上唯八識遍行，常住不滅。

（四）「遍一切時」〔6〕。謂自無始之始至究竟之終，其餘心所或有間斷，唯此五種心〔所〕〔註6〕貫徹八位識中，剎那不停，浩劫不息。有所緣，則緣別境以下五位；無所緣，則守其本位，而自爾分明。

此一位乃唯識之本領，萬法之根苗，未到金剛道後識體，此心所無可脫離，行於五位，終不休息，所謂一波才動萬波隨也。此心所凡具五品，一發俱發。一、「觸」，初與所緣相觸，覺有彼境也。二、「受」，引所觸以為自受之憂喜苦樂捨也。三、「作意」，念方動之機也。四、「想」，有此能想之靈，可入事理也。五、「思」，有此能思，可自起作為也。緣觸生受，緣受作意，緣作意而成想、思，故《成唯識論》以觸為首。凡所觸所受，作意乃知，想思皆作意現行，故《規矩》以作意為首。

二「別境」〔7〕　四〔註7〕遍行中起諸心法，各各緣境而別成境界，不得一時俱有，或一品孤行，或相緣而成二、成三乃至成五。此心所第八無有，以第八於根身器界但有觸受，具可作意、想、思之能，未緣境故，無別注而立一思量之境界。第七有第八相分可緣，內緣根身，遂於見分中起慧，自信為審知明瞭。而餘四必待第六意起方生，故但有慧。第六全無境合故，緣所忻、所求、所喜之境而有「欲」；於素所信可之境見為是處而印可之，而有「勝解」；於曾所慣習之境見為利益而記憶繫戀，則有「念」；於所印可、繫心之境一心專注不妄，則有「定」；因而於中展轉思維，智巧從之而生，則復生「慧」。此五以慧為生起之因，以欲故而立勝解，或以所信為勝解而欲之，以欲、解故而成念，以念而成定，於

〔註6〕原注：「心」下應有「所」字。
〔註7〕「四」原作「十」，據上文「四遍一切心」改。

所定而生慧。或展轉緣生，或一類孤行，於善於染皆有，而無記之成有覆亦因慧而起，因餘四而盛。

三「不定」〔8〕　不定者，無有決定之心，不得安隱，乃善惡交持之際，有此心所，是比、非二量之所互成，於獨影境不得自在，唯第六意識有此四心〔所〕〔註8〕。前五現量決定無此不定。第七堅執非量，亦無此心〔所〕〔註9〕。意發不恒，當其習於惡而意忽不安，則有「惡作」；其欲向於善而心忽倦怠，則有「睡眠」；其修習善品而善不現前，則旁徨急求而爲「尋」，凝神待觀而爲「伺」。從此猛勇解脫，則純乎善；從此放散馳求，則墮於染。意識善惡之分，在此而決。

四「善十一」〔9〕　第八爲種子含藏之識，雖諸善品，亦其五遍行所成，而非藏中所有。第七純爲染根，即使或成善品，亦但法執，不成爲善。唯第六全具，以一切善染皆由意造也。前五有同時意識和合，又爲諸善之所成就，意中善染，至前五乃發見於事爲，如眼見美色不爲欣慕留連等，是其無貪。餘識餘品，例此可知。然前五識勝劣不等，如鼻舌二識，於信、勤、不放逸、行捨諸品現行，非其勝用。《規矩》言善十一者，統五識言之，非一一識皆具也。十一品中以無貪、無瞋、無癡三品爲戒定慧淨行根本，餘八皆以此三善增善防惡，其與根隨二惑對治，思之可見，不須刻意分別。

五「根本煩惱」〔10〕　八識雖有俱生二執、異熟二障爲煩惱種子，而未起七識，不成現行，故無此根本六惑。第七雖未發露，而執第八爲自內我，貪戀隙光，癡迷不悟，怠慢不求還滅，失正法眼而墮邪見，植根深固，蘊毒在中，作前六煩惱之因。至第六則以貪癡慢邪故，不得則生瞋，聞正法而與己異則生疑。至前五功用短劣，雖不能起邪慢疑等見，而貪瞋癡倍爲粗猛。根本者，隨惑三品皆由此而生，此爲根也。貪瞋癡屬煩惱障，疑邪屬所知障，通云煩惱，所知必成煩惱也。

六「隨煩惱」〔11〕　隨者，隨根本煩惱而起成諸惡也。凡一切違善順惡，成自惱惱他現行，總以根本六惑爲根，隨根隨境相隨不捨。五趣雜生地熾然充滿，二地以上粗能折伏，不能斷絕，乃諸惡之綱宗。而謂之隨者，見過非自此而招，亦不在此折伏，如大盜，持仗把火者爲從，根

〔註8〕原注：「心」下應有「所」字。
〔註9〕原注：「心」下應有「所」字。

本惑乃其主謀爲首也。第八無根本惑，故亦無隨惑。第七有四根惑，成大隨，染有覆無記性爲無明。第六三隨二十品全具，以一切煩惱皆從意生，意識備六本惑，則諸惡相隨，無所不至。前五作根依境，不留不結故，無忿恨等蘊毒深重之小隨。又大隨隨癡而起，七六前五俱有癡故，故所同具。中隨隨癡、瞋二分而起，第七無瞋，故無。小隨忿、恨、惱、害、嫉依瞋，慳依貪、癡，覆依疑，誑諂依邪，憍依慢，六惑皆依，故唯六識具有。

大中小者，隨惑有三種義：

（一）「自類俱起」〔12〕。不信與懈怠、放逸等同時俱起，不相妨礙；無慚、無愧本同一念，同時俱起。此義大中二隨俱有。若忿則不諂，憍則不覆，乃至乍然之忿必無〔註10〕深遠之恨，小隨專注一心不得俱起，此義無。

（二）「遍染二性」〔13〕。謂不善、有覆二性。大隨、中隨即不成惡，亦有此心〔所〕〔註11〕，是無明非獨煩惱故。小隨專是惡性，非無記故，此義無。

（三）「遍諸染心」〔14〕。若大隨於無慚、無愧及忿恨等，皆依此不信等心而遍互相染，由違善故，順於不善。若中隨於大小二隨十八種心〔所〕〔註12〕，不必皆染，雖不信等未必定無慚愧，若忿恨等尤屬〔無〕慚愧心變成之惡〔註13〕。若小隨等一念蘊結成毒，全不與大中二隨相應，故皆無此義。故曰皆具名大，具一名中，俱無名小。

凡此善染五十一心所具於第六；前五善具染不具；第七有染無善。故知流轉之根禍生於末那，還滅之法即以斬絕末那爲擒王破竹之元功矣。二乘愚者但依六根而施折伏，不但根本未拔，萌芽復生，且其所用折伏者，即末那之雙執，豈非認賊爲子之大愚乎！

〔註10〕「無」原作「有」。原注：「有」應作「無」。
〔註11〕原注：「心」下應「所」字。
〔註12〕原注：「心」下應「所」字。
〔註13〕「慚愧」前疑脫「無」字。

六位心所緣生圖

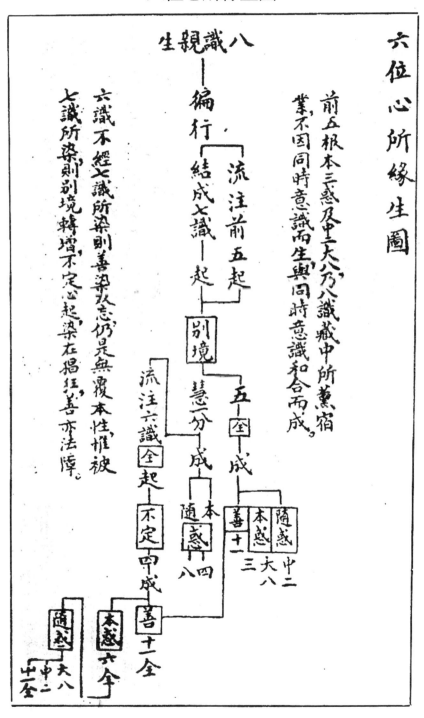

八識心王流轉圖

現在八識俱過去七識熏成結，真如藏為業識藏作總報主，意識同時起故，逆與和合，

受罪福果，乃果中還復生因，故還起七六前五諸王所具善染

現行，故十二因緣以無明行為五蘊所緣，

第八阿賴耶識

緣識生名色，故根結蘊發

緣宿業熏習熟路還生現行

生前五眼 耳 鼻 舌 身識與

第七末那識 緣其別境之慧

第六意識與

生第六意識與

前五一時同起者即

六識為七識所染，與前五和合為善染現行因乃因

地果生熏成未來種子，結如來藏為阿賴耶藏流轉不

息，故十二因緣以愛取有為生死根本。

與前五速相和合

【注釋】

〔1〕六位心所：心所，指相應於心王而起的心理活動和精神現象，即心識之本體所引發的作用。分爲六種：遍行、別境、不定、善、根本煩惱、隨煩惱。

〔2〕遍行：普遍生起的一切心理活動和認識作用。遍行心所，是唯識宗心所法之一。包括觸、受、作意、想、思五類。

〔3〕遍一切性：即心識之本體所引發的作用普遍涉及道德的善、惡、無記等屬性。

〔4〕遍一切識：即心識的觸、受、作意、想、思五方面作用遍及八識的每一個識。

〔5〕遍一切地：指心識的作用遍於欲、色、無色界及初地、四果、四空之中。

〔6〕遍一切時：指心識的作用自始至終，浩劫不息。

〔7〕別境：指特定境界引起的心理活動，包括欲望、理解、憶念、禪定、智慧等〔註14〕。

〔8〕不定：指心識在善惡交持之際所起的動搖不定的作用。

〔9〕善十一：指心識作用之善妙者，分爲信、精進、慚、愧、無貪、無瞋、無癡、輕安、不放逸、行捨、不害等十一個方面。

〔10〕根本煩惱：又名本煩惱、本惑，指貪、瞋、癡、慢、疑、邪見六大煩惱。

〔11〕隨煩惱：即隨根本煩惱而起的枝末煩惱，又叫隨惑。分大隨（8）、中隨（2）、小隨（10）三種。一忿、二恨、三惱、四覆、五誑、六諂、七憍、八害、九嫉、十慳、十一無慚、十二無愧、十三不信、十四懈怠、十五放逸、十六惛沈、十七掉舉、十八失念、十九不正知、二十散亂。都具備叫大隨，具備一個叫中隨，一個都不具備叫小隨。

〔12〕自類俱起：指相同一類種子、一起發生的心理現象。《成唯識論》說：「等無間緣，謂八現識及彼心所前聚於後，自類無間，等而開導令彼定生，多同類種俱時轉故，如不相應非此緣攝。」〔註15〕

〔13〕遍染二性：二性，指不善和有蓋覆的無記性兩類煩惱。

〔14〕遍諸染心：指相互感染、相互影響的心理現象。

【今譯】

　　六位心所章　六位心所指心識之本體所引發的作用。識的本體稱爲心王。王猶如主人，是恰當其位的心理現象的統領。心王所引發的作用稱爲心所。

〔註14〕《成唯識論校釋》，卷三，第162頁。
〔註15〕《成唯識論校釋》，卷七，第508頁。

　　第一，遍行心所：八識都有，就是普遍發生於一切心理現象中。（1）遍一切性：認識的善、惡、無善無惡等屬性，都因為接觸、感受而產生，造作而起，想念、思慮而形成。（2）遍一切識：八識都以上述接觸、感受、造作、想念、思慮五種心所而起作用。如果這五種心不起，只是沒有蓋覆的不確定性，認識的本體不成立，其作用也就不會發生。從末那識以下七位識所有普遍發生的心理現象，都是第八種子識的流注引起的。認識的發生雖然分為八種因素，種子識普遍發生作用是共同的。當種子識與各認識器官、境界相結合而產生認識時，就是第八識普遍發生作用：接觸第八識的認識對象產生感受，並把這種感受變成自我的體悟，從而增長想念、思慮，就成為第七識普遍的心理活動；對這些造作、思念、思慮加以刻意分別，就是對於所接觸、感受的東西更增加思念、思慮的分別，始終以此分別成為概念，就是第六識的普遍心理活動；第八識一動，隨即分別流注五種認識器官，好比一盞燈的油流注五根燈芯草一樣，相互結合，引發痛苦、快樂、不苦不樂等，與接觸、感受、造作、想念、思慮相應或相違的心理、認識。（3）遍一切地：指三界九地，有此種識體，就相應有普遍的心理現象。初地五趣雜居，欲界八識的普遍心理活動都有；色界第二地以上，除了鼻舌兩種認識外，其它普遍心理活動都有；無色界第六地以上只有第八識的普遍心理活動，而且常住不滅。
　　（4）遍一切時：指從無始的世代以來，至生命的終結，其餘心所或許有間斷，只有這五種貫徹八位識中，剎那不停，浩劫不息。有適當的因緣，就會在特定的情境下發生作用；沒有其它因緣，就守住自己的本位，而且自來分明。這一位是唯識的本原和關鍵，萬法的根源。修行未到金剛不動的階位，第八識的本體是不會脫離，流注五位，終不休息的。所謂「一波才動萬波隨」就是這個道理。此心所具有五位，一個發動，五個會連帶而起：（1）接觸：最初與所對外境接觸，產生實有此景的覺受；（2）感受：引發所接觸的境況，以為自己的憂愁、歡喜、痛苦、快樂、無苦無樂等切身感受；（3）造作：是念頭生起的契機；（4）想念：能循事進行理性思考；（5）思慮：將思考的道理付之行動。從接觸到感受，從感受到造作，從造作而思念、思考，所以，《成唯識論》以接觸為首。凡所接觸、感受，通過造作才能知道，想念、思考都是造作的現實體現，所以《八識規矩頌》把作意擺在首位。
　　第二，別境心所：四種普遍發生的心理和認識現象，各自依循特殊的境界，不得一時都有，或一品孤行，或二三四五連帶而起。第八識無此心所，

因為第八識對於根身器界如有接觸、感受，便會起造作、想念、思慮，不會直接接觸外境，沒有流注於特殊情境而單獨產生思量的境界。第七識有第八識的相分可執著，遂於見分中起特別之慧，自以為精審明瞭。而其餘四種必須等第六意識生起方可，所以只有慧。第六識全無直接的外境相合，而是憑藉所感受的作業之境產生欲望；遇決定之境，產生判斷等殊勝之解釋；遇利益之境事，而起懷念、記憶；遇到與己心相聯繫之境事，則一心專注決定不移；遇事反覆思維，產生智巧，則起慧解。心識的這些特殊作用，以慧解為生起的原因，以欲望、要求而求殊勝理解，或者以所信賴為殊勝理解，進而產生企求的欲望，以此而成憶念、記憶而認定；於所認定而產生慧解；或者輾轉聯繫，或一類孤行，分別產生善、惡、有蓋覆的無記等業障。這些都由慧解而起，因其餘四種相互聯繫，或單獨發生而盛行。

第三，不定心所：不定，就是沒有下定決心，心不安穩，是善惡相互矛盾交攻時的心理現象，由比較推理、虛幻計較而產生，在獨自發生的心理狀態下不得自在，只有在第六意識下有此四種心理現象。前五識屬於直觀現量，沒有此猶豫不定。第七識堅持執著，也沒有猶豫不定，在其意志不恒定時，當其沉溺於惡習之中而意識忽然感到不安，就有浮躁、惡作劇的心理產生；當其想向於善而忽然倦怠，就有怠惰放縱的心理產生；當其修習善法而目標尚未達到時，就會旁徨徘徊急著尋覓，凝神等待、觀望而有細心觀察的心理。從此勇猛解脫，則趨於善；如果放逸鬆弛就會墮於惡，意識善惡由此而分判。

第四，善心所：有十一種，第八識為種子含藏之識，雖然有各種善的種子，在它流注前五識時生成，不是庫藏中所有的。第七識純為染根，即使偶而成為善品，也只是對法的執著，終究不成就善法；只有第六識全具此心理，因為一切善惡都是由意識所造的。前五識有與感官同時發生的意識，又為諸善所成就，意識中善良、染污，到前五識才顯露成為事實，如同眼見美色，不流連忘返，就不會去貪求。其餘各識例此可知。然而前五識勝劣不同，如鼻舌兩識，於信賴、勤勞、不放逸、行捨等諸心理不會體現。《規矩頌》講善的十一心所，是統五識而論之，不是一一識都有這些心理。這十一品中，以無貪、無瞋、無癡三品為戒定慧清淨善行的根本，餘八識顯然都以此增善防惡，對治根本煩惱和隨煩惱，可想而知，不需刻意分別。

第五，根本煩惱：是大的煩惱種子。第八識雖然有同時產生和不同時產

生兩種根本煩惱種子，而未起第七識時，不會直接顯現，故沒有此根本種子。第七識雖然未表露出來，而執著於第八識成為自己體悟的東西，貪戀一窾隙的光影，執迷不悟，且怠慢而不求還滅，失去正知正見，憚於偏頗之見，牢固植下深根，蘊藏其中，作為前六識煩惱的因苗。至第六識，因為貪婪、癡迷、傲慢、偏激等原因，如不得遂，就會產生瞋恨，聞正法與己相異就會生起疑慮。至前五識時，功用短劣，雖然不能起偏激、傲慢、疑慮等心理，但貪婪、瞋恨、癡迷倍加粗猛。所謂根本，就是說其它跟隨發生的心理現象都由此產生，此為根源。貪婪、瞋恨、癡迷屬於煩惱引發的障礙，偏激、傲慢、疑慮屬於所知引發的障礙，都叫煩惱，執著於所知必成煩惱。

第六，隨煩惱心所，即隨根本煩惱而起的枝末煩惱。一切違背善心、隨順惡法，成為自我惱怒、遷怒他人的心理，都以根本六惑為根本，隨每人的根器、特殊情境相隨不捨。在五趣雜生階段這些隨煩惱熾然充滿；到了色界二地以上粗能降伏，不能斷絕，此乃是諸惡的綱宗。所謂隨，就是過失主要不在此引起，也不在此折伏，如一群竊賊，跟從打火把、打劫、接應的是從犯，根本惑才是主謀、首犯。第八識沒有根本惑，所以也沒有隨從而起的煩惱。第七識具四種根本煩惱，成為大隨惑，染污有蓋覆的無記性為無明煩惱。第六識有三隨惑，二十品全具，因為一切煩惱都隨意識產生，意識完全具備六根本煩惱，諸隨煩惱相從而來，無所不至。前五識憑感覺器官直接作用於外境，不留連，不蘊藉，沒有忿恨等深重的小隨煩惱。大隨惑是隨癡迷而起，因為第七、六識、前五都有癡迷的緣故，所以都同具有。中隨惑隨二癡迷、瞋怒而起，第七識無瞋怒，故無。小隨惑的忿恨、惱害、妒忌依隨瞋恨而起，慳吝依貪、癡，蓋覆依多疑，虛誑依偏執，虛憍依傲慢，六種根本惑都依憑，所以十種小隨第六識都有。大、中、小三隨，有三個特點：

（一）隨自類同時生起：不信與懈怠、放逸同時生起，不相妨礙；無慚、無愧本來同為一種意念，同時俱起。此種涵義大中隨煩惱都有。如果憤怒而不產生諂媚，虛憍而不蓋覆，乃至乍然而起的憤怒必無深遠的仇恨，小隨專注一心，所以隨自類同時生起的特點就不具備。

（二）普遍污染不善、無記兩種特性：指不善、有蓋覆的無記性等特性，大隨、中隨即使不成惡，也有此心所，因為屬於無知，不獨是煩惱的緣故；小隨煩惱專屬惡業，不是無確定性，所以這種普遍性不具備。

（三）普遍污染各種心所：大隨煩惱的無慚、無愧及忿恨，都依循不信等心理而普遍發生作用，由於違背善心的緣故而依循於不善。而中隨煩惱對於大、小二種隨煩惱十八種心所，不一定普遍皆污染，雖然不信等未必變成惡業，而小隨一念之間就可以蘊積成毒素，全不與大中二隨相應，故無此涵義。所以說具備普遍污染的各種心所，叫大隨煩惱；具備一種叫中隨煩惱，一種都不具備叫小隨煩惱。

六位心所緣生圖　說明六位心所相緣而生的過程。前五識的根本三惑和中隨二、大隨八是從八識識藏中所熏宿業，即從前世業報而來，不因同時意識而產生、形成；第六識如果不被第七識所污染，那麼善心、污染都會忘記，仍然是無蓋覆的不確定的心理狀態。只有在被第七識執持的心理不斷增加，即使不定心起，也會受嚴重污染、蓋覆，其善十一、根本惑六，隨惑二十受染嚴重，即使善法也會變成善業的障礙。

八識心干流轉圖　表示現在的第八識都是過去第七識熏成，使清淨的如來藏結成業識藏，這是宿世因緣之果，成為產生報應的總根源，承受一切罪業與福報，而且果報又會產生新的因緣，成為第七、六識、前五諸種認識活動的根源，顯現新的果報。因此，十二因緣是以第七識的無明及其體現於五蘊的流轉不息為因緣。

而第六識被末那識所污染，又與前五識和合，成為善業、污染的現實原因；因地生果，反過來熏成種子，結成如來藏，為後世流轉不息的原因。所以，十二因緣以愛戀、取著、有所造作的業力為生死輪迴的根本。

凡此善業、污染五十一心所普遍具備於第六識；前五識具善業，染污不具備；第七識只有染污，沒有善業。由此可知，流轉的禍根生於末那，還滅的辦法即以一刀斬斷末那為擒王破竹的最大關鍵。二乘愚者只知依六根而實施折伏，不但根本未拔，萌芽復生，而且它用來折伏的辦法即是末那的我執和法執，豈不是認賊作子的愚蠢之舉嗎？

【評析】

「六位心所」章論心識本體所引發的六種作用：遍行、別境、不定、善、根本煩惱、隨煩惱。前三種心所指本體所引發的帶有普遍性、特殊性或不確定性的心理現象，後三種心所說明心識之體所引發的業果的善、惡性質。

遍行心所，即心識本體所引發的作用遍及一切時、空、性、識之中，指

明其普遍性。第一，遍一切性，即普遍涉及善、惡、無記性的心理作用及其業果。二、遍一切識，即其心理作用遍及八識的每一個識。三、遍一切地，指心識的作用遍於欲、色、無色界及初地、四果、四空等所有處所。四、遍一切時，指心識的作用自始至終，經久不息。王恩洋認為：無色界「六地以上唯八識遍行，常住不滅」，誤。無色界是有意識、末那和阿賴耶三個識的，不只第八識；第八識也不是常住不滅的。王說可參。

遍行心所的觸、受、作意、想、思五個方面緊密相連。觸是起始階段，作意是關鍵。

心識的作用不僅遍及一切時、空、性、識之中，而且對於各別的境也一一起作用。心識普遍發生作用必貫徹於個別境界，如遇作業之境，則起「欲」的心所；遇決定之境，而起「勝解」心所，遇利益之境事，而起「念」心所；遇與己心相聯繫之境事，則起「定」心所；遇事反覆思維，產生智巧，則起「慧」心所。這些相互聯繫，或單獨發生，從而成為善、惡、無記等不同業障。

不定心所，指心識在善惡交持之際動搖不定的心理。只有第六識才有此心所，表現在煩躁不安、怠惰放縱、急於尋求、細心觀察。其結果不是趨於善，則必墮於惡，故名不定。

善心所，指心識作用之善妙者，具體分為信、勤、不放逸、行捨、無貪、無瞋、無癡等十一個方面。此心識唯第六識全具，第七、八識俱無，前五識勝劣不等，有具有不具。十一品中無貪、無瞋、無癡為戒、定、慧淨行根本。

根本煩惱，指貪、瞋、癡、慢、疑、邪見六大煩惱。第八識不具。第七識具癡、迷、慢、惡四根本惑。第六識具六根本惑。前五識具貪、瞋、癡三根本惑，且倍為粗猛，大、中、小三隨惑二十品均由此而生。

隨煩惱，即隨根本煩惱而起的枝末煩惱，又叫隨惑，分大、中、小三種。三界九地，於初地（五趣雜生）熾然充滿隨煩惱，二地以上初步使其受挫，但不能根除。第八識無本惑，故無隨惑，第七、第六、前五識隨癡而起，故同具大隨，第七識無瞋，故無隨癡、瞋而起之中隨，第六識六根本惑皆有，故有隨之而起之大、中、小三隨。隨惑有三個特點，即自類俱起，不相妨礙；遍染善、有覆無記性；遍染各個心所。具備一個特點叫小隨，具備兩個叫中隨，具備三個叫大隨。

原文「慚愧心變成之惡」，「慚愧心」或係「無慚愧心」之誤。王恩洋按：

末段「若忿恨等尤屬慚愧心變成之惡」，誤。慚、愧善法，是不能變成惡的。「若小隨等全不與大中二隨相應」亦誤。若爾，有小隨時應無大、中二隨了。當知有大、中二隨，不必有小隨，有小隨時則定有大中二隨。又「遍染二性」段，說大隨、中隨皆遍二性，亦非。中隨但遍惡性，是不遍有覆無記性的。王說可參。

六位心所，細分爲五十一心所，即遍行五（觸、受、作意、想、思），別境五（欲，勝解、念、定、慧），不定四（惡作、睡眠、尋、伺），善十一（信、慚、愧、無貪、無嗔、無癡、精進、輕安、不放逸、行捨、不害），本惑六（貪、嗔、癡、慢、疑、邪），隨惑二十（大隨八、中隨二，小隨十）。五十一心所概括起來，無非一善、一染。第六識善、染都具；前五識俱善；第七識俱染；第八識具煩惱種子，但未現行，故亦不具染。由此可知，斬斷第七末那識，是滅除業障的根本。如果從前五識之六根而想折伏煩惱，那是抓了枝末，未抓住根本，想殺滅煩惱之賊是个可能的。

六位心所緣生圖，說明六位心所相緣而生的過程。八識心干流轉圖，表示現在第八識都是宿世業障熏成，結成業識藏，又成爲前五諸王所現行之因。因此，第七識之無明及其現行，就成爲五蘊（色受想行識，即一切物質、精神現象）的因緣。而第六識被末那識所污染，又與前五識和合，因地生果，反過來熏成種子，結成如來藏，爲後世流轉不息、三世輪迴的原因。所以十二因緣以愛、取、有爲生死輪迴的根本，爲以後一刀斬斷末那、證圓成實性作了鋪墊。（參「八識十證」及「八識轉四智次第」章）

【原文 18】

六識五種〔1〕

一「定中獨頭意識」〔2〕　謂入定時緣至教量〔3〕，及心地自發光明，見法中言語道斷細微之機及廣大無邊境界，二者爲實法中極略極迥之色法，與定中所現靈異實境顯現在前。此意識不緣前五與五根五塵而孤起，故謂之獨頭。此識屬性境、現量、善性。

二「散位獨頭意識」〔4〕　從凡夫至二地無尋有伺，於一切善、惡、無記、士用果等境非現前而起，意不緣前五及根塵色法，自規度，自擬議，緣過去卸落影子〔5〕，作未來實相。此識不與前五和合而孤起，故名獨頭；

行住坐臥時俱有，故名散位。此識當理者屬比量、獨影境，不當理者屬非量，以其戀著過去而生希羨，屬帶質境。三性通攝。

三「明瞭意識」[6]即「同時意識」　五識一起，此即奔赴與之和合，於彼根塵色法生取分別、愛、取，既依前五現量實境，故得明瞭。初念屬前五，後念即歸第六。其如實明瞭者，屬性境、現量；增起分別違順而當理者，屬比量；帶彼前五所知非理戀著者，屬非量，帶質境。此識無獨影境，三性皆通。

四「夢中獨頭意識」[7]　夢中前五根隱，識亦不發，但有夙習薰染，遂於幻中現其影似，而起計較、思〔註16〕冤、違順等想，不緣前五，故名獨頭。此識全屬非量；帶醒時根塵以為妄本，屬帶質境。三性皆有，俱非真實。

五「亂意識」[8]　謂大驚、大憂、大勞、大醉及病狂人妄起意計，及一闡提人[9]耽著顛倒，矯誣自性，但求殊異，因而生起狂想。此識意亦無主，並不得名為獨頭，或時亦緣五根而起，不得明瞭，全屬非量、帶質及惡、無記二性，雖有皆非真實。

【注釋】

〔1〕六識五種：指意識的五種屬性，即定中所現實境、散位所現境界、明瞭區別、夢中虛妄分別及散亂意識。

〔2〕定中獨頭意識：是入定時所起的對於靈明實境獨特的了別作用。

〔3〕至教量：又稱佛言量，以佛至極之教作為衡量是非的標準。

〔4〕散位獨頭意識：指行、住、坐、臥分散而起，通過記憶而起的了別作用。

〔5〕卸落影子：指對事物的印象、概念，如同影子一樣。

〔6〕明瞭意識：指與前五識同時俱起的了別作用。

〔7〕夢中獨頭意識：，指虛幻不實的了別作用。

〔8〕亂意識：指意識發生狂亂所起的顛倒、怪異、非真實的了別作用。

【今譯】

「六識五種」章，論意識對於六境所起的五種了別作用。

第一，定中獨頭意識：是入定時獨自生起的對於靈明實境的了別作用。

〔註16〕「思」，據上下文，當作「恩」。下同。

它源於聽聞聖人的至極教誨和自己內心的體悟，明瞭諸法不能用言語表達的細微契機及廣大無邊的境界；二者都是有其實在性的極微細、極廣大的實質性的東西，在入定所見靈明境界中呈現出來。此意識不直接與五根、五塵相緣而起，故曰獨頭，屬於真實的性境、現量、善性。

第二，散位獨頭意識：指行、住、坐、臥分散而起的通過回憶過去的影子而起的了別作用，並以此作為未來的實相。這種意識，合理的部份屬比量、獨影境，不合理的部份屬非量、帶質境。

第三，明瞭意識：指與前五識同時俱起的了別作用，當理者屬性境、現量或比量，違理者屬非量、帶質境，無獨影境，通於三性。

第四，夢中獨頭意識：指第六識虛幻不實的了別作用，屬非量，帶質境。雖然通於善、惡、無記性，但都不真實。

第五，散亂意識：指意識發生狂亂所起的顛倒、怪異的了別作用。屬於非量、帶質境，雖有惡、無記二性，亦非真實。

【評析】

「六識五種」章　論第六識的五種本質屬性和道德屬性。

六根對於六境所起的了別作用，即意識。意識不僅有不同程度的了別、契入實相，把握事物本質的作用，而且有記憶、判斷、證悟、檢驗認識真理性的作用，在道德、價值層面，有善、惡、不確定性等屬性。

入定時獨自發起的對於靈明實境的了別作用，源於聽聞聖人教誨和內心的體悟，不與五根、五塵俱起，屬於性境、現量、善性。行、住、坐、臥時分散而起的通過回憶過去的印象、概念（包括歷史現實）而起的了別作用，合理的部份屬比量、獨影境，不合理的部份屬非量、帶質境。與前五識同時俱起的了別作用，當理者屬性境、現量或比量，違理者屬非量、帶質境，無獨影境，通於三性。意識發生狂亂所起的顛倒、怪異的了別作用，屬於非量、帶質境，雖有惡、無記二性，亦非真實。

（七）八識功能的證悟

　　第八識的真實存在，並非虛妄；第八識有能藏、所藏、我愛執藏等功能；第八識所含藏的種子非其自有，而是被第七識薰染而成的。只有把能薰與所薰相區別，才能把握還滅轉智的關鍵在一刀斬斷末那識。

【原文 19】

八識十證〔1〕

　　一名十理，以十理證知八識體相。此護法師以二乘不知八識，證明其於前五外實有非妄。

　　「持種」〔2〕　謂執持一切善染種子，流轉、還滅皆依持此識。以此識本是如來藏白淨識之本體，即可復真歸元，故能持菩提涅槃之種，不爾，眾生必無成佛之理；乃為七識薰染，受異熟果，成阿賴耶，則順流注於七六前五，生諸心所，作不淨因，結輪迴果，故能成十二因緣流轉不息之種。

　　「異熟心」〔3〕　異熟有三義：一、變異而熟，謂如貪因得貧果，與因相反。二、異時而熟，過去因作現在果，現在因作未來果。三、異類而熟，謂人中因天中得果，五趣異類通受夙因為果。夙習薰染善惡等因乃至不相應心所，不於當時、當位、當類得果，而此識流轉趣生為總報主。前七斷滅，不復受報，唯此雖異必熟，非但罪福不爽，亦且習氣中於不知不覺之中成熟，而成自然矣。

　　「趣生」〔4〕　一期報盡，前七俱已消滅，唯此八識實有不亡，恒相接續，遍生五趣中，趣意而分段不雜，隨其善染周歷五趣。

「有受」〔5〕　色身所有浮塵、勝用二根，各各不相執受，五識各依其根，無能統攝，且有間斷昏忘，唯八識總合諸有而攝受之。

「生死」〔6〕　初生前六雖有勝用根而未能發識，末那亦隱，不成心所。壽命將終，惟餘壽未盡，暖息未散，諸識消滅，唯此八識持壽暖不即散滅。與生俱生，至死不離，唯八識心王而已。

「緣」〔7〕　謂十二因緣中識緣名色之識，即此識也。從中有身見一線之光，萬里立赴，實時緣附父精母血，結成五蘊，故曰識緣名色。五蘊既結成後有，識即處蘊中，故又曰名色緣識。此中前七俱未發起，故知所言識者即是八識。

「依食」〔8〕　謂受生後至命終時，依四種時〔9〕而生，食為所依。其依之而住者，乃此八識，一類相持，無有間斷。若非此識，前五雖能取食，而何所滋養令其恒住？

「滅定心」〔10〕　謂二乘入滅盡定，前六王所皆滅，第七染心不起，唯此識不散。其七識一分非染，我障雖未還滅，然亦即是所執第八之相分，非別有體性。乃至無想天入九地真滅盡定，亦有此八識心王，但無心所，除菩薩定中白淨識、佛定中大圓鏡智，皆是此識為在定之心。

「心染淨」〔11〕　染淨至七識而結，至六識而具。然染之即成染，淨之即成淨，受染受淨之心，八識心王也。所因以成染淨者，即用八識心所之五遍行也。七識攬之以為染根，前六藉之以成現行，離八識外別無可染可淨之心。蓋前七俱無自體，隨緣現影，此乃染淨真心也。此義直窮染淨根本，徹底透露，異於二乘但據前六為染淨心，於彼折伏，冀得清淨，乃惟識之綱宗，於斯炳矣〔註1〕。

【注釋】

〔1〕八識十證：論第八識作為認識本體存在的十條理由和功用。

〔2〕持種：指持有一切善染種子，成為流轉還滅之根源。《成唯識論》卷三說：「此能執持諸法種子令不失故，名一切種。」〔註2〕「應信有能持種心，依之建立染淨因果，彼心即是此第八識。」

〔3〕異熟心：指第八識心所產生的果報雖因時、因類而異，但罪福報應是必然的。

〔註1〕原注：此中誤將「生死時心」與「持壽暖識」合而為一，故但有九證。
〔註2〕《成唯識論校釋》，卷二，第101頁。

《成唯識論》卷三說：「若不恒有真異熟心，彼位如何有此身受？非佛起餘善心等位，必應現起真異熟心。如許起彼時，非佛有情故，由是恒有真異熟心，彼心即是此第八識。」

〔4〕趣生：指投生五趣四生。能趣生，即中有；所趣生，即三界、五趣等不同階位、處所。《成唯識論》說：「雜染法者，謂苦、集諦，即所能趣生及業惑。」〔註3〕卷三說：「正實趣生既唯異熟心及心所，彼心心所離第八識理不得成，故知別有此第八識。」

〔5〕有受：指綜合統攝流轉趨向的感受和作用。《成唯識論》卷三說：「諸心識言亦攝心所，定相應故如唯識言。非諸色根不相應行可能執受有色根身，無所緣故，如虛空等故。應別有能執受心，彼心即是此第八識。」

〔6〕生死：指第八識心王自生至死都起作用，沒有一刻停止。《成唯識論》卷三說：「有餘部執生死等位別有一類微細意識，行相所緣俱不可了，應知即是此第八識。」

〔7〕緣，指攀緣、依賴作用。《成唯識論》卷三說：「依是緣義，即執持識無始時來與一切法等為依止故，名為緣，謂能執持諸種子故，與現行法為所依故，即變為彼，及為彼依。」又說：「諸轉識有間、轉故，無力恒時執持名色，寧說恒與名色為緣，故彼識言顯第八識。」

〔8〕依食：食指依時而食，滋養身心，令其恒住之功能。《成唯識論》卷四說：「一切有情皆依食住，唯依取蘊建立有情。佛無有漏，非有情攝，說為有情依食住者，當知皆依示現而說。既異熟識是勝食性，彼識即是此第八識。」〔註4〕

〔9〕四種時：佛教有四種時、四種食，清旦時為天食，佛食；午時，為法食時，修行者食；日暮時，畜生食；昏夜時，鬼神食。

〔10〕滅定心：指第八識在前六識滅定之時仍起的認識和心理作用。《成唯識論》卷四說：「無心所心亦應無。如是推徵，眼等轉識於滅定位非不離身。故契經言不離身者，彼識即是此第八識。」

〔11〕心染淨：即第八識心王為承受染淨心之根本。《成唯識論》卷四說：「若由道力後惑不生立斷果者，則初道起應成無學。後諸煩惱皆已無因，永不生故。許有此識一切皆成，唯此能持染淨種故。」

〔註3〕 《成唯識論校釋》，卷三，第 194 頁。
〔註4〕 《成唯識論校釋》，卷四，第 233 頁。

【今譯】

「八識十證」章　是對第八識十種體相的證悟，也叫十理，即以十方面道理闡明第八識本體存在的理由和功用。這是護法師因爲小乘不知第八識的功用、體性，爲第八識在前五識外眞實存在，不是虛妄所作的論證。

第一，持種，指第八識持有一切善、染種子，成爲流轉、還滅的根源。此識本來是如實而來、清淨無染的本體，執持此菩提涅槃的種子，才能復眞歸元，否則眾生絕無成佛的可能。第八識受末那識的薰染，感受而結成異時、異類、變異成熟的業果，成爲阿賴耶識，就會順世俗的習氣流注第七、六、前五識，產生各種心所，成爲污染的業因，結成輪迴的果報，所以第八識成爲十二因緣流轉不息的總根源。

第二，異熟心：指第八識所產生的果報有時間、類別乃至原因、果報相反等不同情況。（1）變異而得果報：如貪婪的原因得到貧窮的果報，果與因相反。（2）異時而得果報：過去種下的因，現在才結成果報，或現在種下的因，將來成熟爲果報。（3 異類而得的果報：指在人間修行，卻在天界得果報，五趣雜生的眾生都受宿世的原因而得果報。宿世薰染善惡乃至不相應心所，不在當時、當位、當類的原因而得果報，而此識在流轉、投生中成爲報應的總根源。前七識斷滅，不再受報，只有第八識雖有變異而熟，不但罪福報應絲毫不差錯，而且也是習氣在不知不覺之中成熟，自然而然。

第三，趣生，在一期生命業報已盡時，前七識都已消滅，只有第八識實有不妄，恒常相接相續，在五趣中普遍投生，這種流轉趨向十分明確，隨其善染而分階段生死，不發生雜亂。

第四，有攝受，色身所有物質性器官及其特殊功能，各不相互執持、攝受，五識各依據其根器，不能相互統攝，且有間斷、昏沉、遺忘，只有第八識有綜合統攝流轉趨向的作用。

第五，生死，從初出生時前六識雖有特殊功能而未能引發意識，末那識也蘊含不發生作用，到壽命將終，其生命體徵尚未結束，一口氣尚存，其餘諸識都已消滅，只有第八識心王尚未離散；從生至死，到後世投生，生死不離，都起作用，沒有一刻停止，也就是第八識心王而已。

第六，攀緣、接續。十二因緣中識接續名色，這個識就有攀緣、接續作用。從臨終時的斷而接續的中有之身見到一線光明，就會萬里奔赴，攀緣父精母血，結成五蘊的色身，所以叫識接續名色，五蘊既結成後有，識就會處

於五蘊之中，所以又叫名色接續識。此中前七識的功能都未發起，所以說此識即是第八識。

第七，依食，指承受新一期生命到結束時要依據四種飲食得以維持。第八識正是有對於時間的選擇作用，依時而飲（分天食、法食、畜生食、鬼神食四種），無有間斷。如果不是此識，前五雖能取食，卻無法得到滋養令其恒常起作用。

第八，滅定心，指小乘行者進入滅盡定，前六識心王、心所都消滅，第七識染污執著的功能也不再發生作用，只有第八識不散滅。第七識一分已非染污，對我執所造成的障礙雖然還未還滅，但也只是執著第八識的識體，不是別有體性。直至無色界的無想天，入九地真滅盡定，第八識心王猶存，但無心所，除了菩薩定中白淨識和佛定中的大圓鏡智，都是第八識在定之時在起作用。

第九，心染淨，染淨的功能從第六識開始，至第七識始凝聚。然而染污之所以成染污，清淨之所以成清淨，關鍵是第八種子識為真實載體。染淨之所以可能，即因第八識的五種普遍性的作用。第七識攬第八識相分成為染淨的根源，前六識藉此而呈現，離開第八識，是沒有可污可染的土體的。原因是，前七識都沒有獨立的自體，隨順因緣而顯現影像，第八識才是承受染淨之心的真正主體。此層意義，直接追究到染污的源頭，徹底透露其底蘊，不同於小乘人以為前六為染污之心，從那裏折服煩惱，以求清淨，唯識的根本道理，於此可以彪炳於世矣。

【評析】

「八識十證」章　論第八識的體相，說明認識本體存在的理由和功用。小乘不知第八識功用、體性，往往在前六識做文章。立此十證，意在糾正小乘之誤。

一、第八識保持一切善染種子，成為流轉還滅之根源。

二、第八識心所產生的果報因時、因類而異，罪福報應絲毫不差。王恩洋按：「『不相應心所』，不辭。」今改。按：王說可參。不過，不相應心所兼指心王與心所有相應、不相應兩種情況，「五位唯識」章正說「……分別相應、不相應法，實則統於真如中，本無異同」，讀者可以參看。

三、第八識有在生死中不斷流轉的明確趨向，隨其善染而不發生雜亂。

四、第八識有綜合統攝流轉趨向的作用。

五、第八識心王自生至死都起作用，沒有一刻停止。

六、第八識與名色密切相攀緣，在凡夫壽終之後，神識即依緣於父母之交合投胎轉生；脫胎出生後，即處於後有身中。

七、第八識對於修法、成佛所需飲食進行調攝，以增益身心。佛教認為有四種時、四種食，清旦時為天食、佛食；午時，為法食、修行者食；日暮時，畜生食；昏夜時，鬼神食。什麼時候該進食，什麼時候不該進食，什麼時候該布施餓鬼、畜牲道，不能貪食，因果不能錯亂。從世間法而論，日暮餵養畜生，長養慈悲心也；昏夜不再進食，不僅敬畏鬼神，也是養生健身之道。第八識種子含有依時而食、滋養身心令其恒住之功能。前一節「緣」，是從空間上說第八識的功能，此一節側重從時間上說明其功能。飲食的調攝說明，佛教不是不食人間煙火的虛幻說教，不是與唯物主義、科學的養生觀相矛盾，而是重視身心健康，對調攝色（物質、消化生理學）、息（呼吸、循環生理學）、心（精神、大腦生理學）有獨特的貢獻〔註5〕。

八、第八識在前六識滅定之時仍起作用。此時前六識心王、心所皆滅定，第七識染心不起，但仍執第八識之相分為體性。至無想有情之天（四禪天），第八識但有心王，已無心所，未至佛定，仍將起作用。

九、第八識心王為染淨之根本。染淨從第七識始凝聚，至第六識始具備，關鍵在於第七識執持第八識為染根。第八識為染淨的真實載體（真心）。染淨的根源在於第七識，而染淨的發揮作用則在第八識，與小乘以前六識為染淨心相異，凸顯了唯識宗的真諦。

此段末尾原編印者有注：「此中誤將生死時心與持壽暖合而為一，故但有九證。」王恩洋此注甚是。據《成唯識論》卷三、卷四，的確有八識十證的論證。《成唯識論》卷三：壽暖識「三法中，壽暖二種既唯有漏，故知彼識如壽與暖定非無漏，生無色界起無漏心，爾時何識能持彼壽？由此故知有異熟識一類恒遍能持壽暖，彼識即是此第八識。」若無第八識的持種、異熟、趣生、執受、持壽暖識、生死不離、攀緣名色、依時為食等功能，甚至在滅盡定中仍不離身識，不離染淨的識體，一切認識皆不得成。第八識識體真實無妄，其對於修行、證悟、增益身心有根本的作用，是真實不虛的。

〔註5〕參拙作《吳信如居士的佛教生死觀與生命科學》（2009.2.19）。

【原文20】

八識三藏〔1〕

阿賴耶〔2〕，此翻爲藏。藏有三義，前一就本識言，後二依他立義，其實一也。能藏〔3〕義兼王所，所、執二義，專指心王。

「能藏」　此識體本虛，故能含藏前七無始薰習染所有善惡種子，又能藏現有前七所作善染諸法現行爲未來種子。心王既爾，心所亦然，以五遍行中一切心所皆能建立也。此就八識體量功用而言，謂之能藏。

「所藏」〔4〕　此就前七依之以藏而言，謂之所藏。前七所有善染心所皆藏於此識之中，爲彼所藏，即定爲彼所染。如一庫藏本無銅鐵，而用貯銅鐵，爲銅鐵所藏，則名爲銅鐵庫矣。從彼得名，即受彼染，八識不自還其眞空本來之體量，聽前七據爲所藏，遂無自位，爲前七作總報主。

「我愛執藏」〔5〕　就末那識堅執爲自內我而寶惜不捨者而言，則爲執藏。乃至九地四空，此愛不忘，此識不轉，直至八地菩薩方能除執，能所無執，則雙泯矣。此八識流轉生死之禍苗，皆出七識強攬，而其還滅轉智〔6〕，亦在七識解縛，還其無所無能之本體。我恒一摧，藏即捨矣。

【注釋】

〔1〕八識三藏：論第八識的三個功能：能藏、所藏、執藏。第八識名如來藏，有能藏、所藏、執藏三義。

〔2〕阿賴耶：爲積集、儲藏諸法種子、產生諸法功能的認識本體。《成唯識論》說：「初能變識，大小乘教名阿賴耶。此識具有能藏、所藏、執藏義故。」「或名心，由種種法薰習種子所聚集故。」〔註6〕

〔3〕能藏：指能含藏前世薰染而成的善惡種子，也含藏現在所作的業障，成爲將來果報的種子。

〔4〕所藏：指被前七識所有善染種子所藏，並受其所染。

〔5〕我愛執藏：指被第七識堅執爲自我體性的實體。

〔6〕還滅轉智：即滅除煩惱，轉四種識成就四種智慧，返還涅槃清淨本性。《成唯識論》說：「由有此第八識故，執持一切順還滅法，令修行者證得涅槃。此中

但說能證得道，涅槃不依此識有故。」〔註7〕「隨三智轉智：一、隨自在者智轉智，謂已證得心自在者，隨欲轉變地等皆成，境若實有，如何可變？二、隨觀察者智轉智，謂得勝定修法觀者，隨觀一境眾相現前，境若是實，寧隨心轉？三、隨無分別智轉智，謂起證實無分別智，一切境相皆不現前，境若是實，何容不現？菩薩成就四智者，於唯識理決定悟入。」〔註8〕

【今譯】

第八阿賴耶識，漢文譯為如來藏。藏，有能藏、所藏、執藏三種涵義。能藏就本體而言，即本身能含藏諸法種子。所藏、執藏是相對於其它識而言，為其它識的善、惡種子之所藏，被其它識所染污、執持。三義其實是一回事。能藏既包括認識的主體——心王，又指心王所藏為善惡種子；所藏、執藏專指心王。

能藏，是說此識本體虛無，但能含藏前七識從宿世以來所熏的所有善惡種子，又能含藏前七識現在所作的善惡業障，成為將來果報的種子。這是就心王而言。從心所來說，即能建立五遍行中種種心所。這是從第八識的量果、功用來說，稱為能藏。

所藏，是指第八識成為前七識的依憑所儲藏、執著的對象。前七識所有良善、染污的心，都存在此識中，為前七識之所藏，就必定受其污染。如同一個庫藏中本來沒有銅鐵，而用來藏銅鐵，即被銅鐵所儲藏，成為銅鐵倉庫了。庫藏隨藏物而命名，受庫藏物的污染，第八識就不再恢復其虛無的本體，被前七識佔據，成為其所藏，自己就不再有無能無所的獨立體性，而成為承擔前七善染種子產生果報的總報主。

我愛執藏，就是第八識被第七識執持為自我體悟的東西而言，就是執持不捨的所藏。直至第九菩薩地，乃至證得四空（空無邊際地、識無邊際地、無所有處地、非非想處地），此中執愛不忘，此識也沒有徹底轉盡，直至八地菩薩才能除去執著，對能執、所執都不執著，二執也就不存在了。第八識流轉於生死的總禍根，全因第七識強行執著、包攬，而第八識返回涅槃寂淨、轉為菩薩智慧，也在於從第七識解脫出來，還其無所、無能的真如本體。恒常不變的我執一摧毀，識體也就清淨了。

〔註7〕《成唯識論校釋》，卷三，第193頁。
〔註8〕《成唯識論校釋》，卷七，第491頁。

【評析】

「八識三藏」章　論第八識的涵義及其功能。第八識能含藏諸法種子，為善惡種子之所藏，並為第七識所執持，受其染污，故有能藏、所藏、執藏三義。

能藏包括兩方面，一方面，含藏前世薰染而成的善惡種子，即業報；另一方面，含藏現在所作的業障，成為將來果報的種子。這是就心王而言，從心所來說，即能建立五遍行中51心所。這是從其本體的量果，以能緣之心，緣所緣之境，終能了知之結果的功用而說的。

所藏是指被前七識所有善染種子所藏，並受其染。這樣，八識就不成其真空本體，而成為前七善染種子的總報主，在不斷輪迴中顯現其果報。

我愛執藏是從被第七識所堅執為自內我而言。至菩薩地，除盡我執、法執，則能藏、所藏都不存在了。還滅轉智之根本，全在斬斷末那，解除第七識對第八識的執持。我執一摧，執藏、能藏、所藏均不存在了，八識才能還其真如本體。

王恩洋將「我恒一摧」改為「我執恒摧」，認為船山系根據《規矩頌》「無功用行我恒摧」和「不動地前才捨藏」兩句而來。但「我恒一摧」辭義不順，今改。土說可參。

【原文21】

八識所薰四義

所薰者，被前七薰成種子〔1〕，非自有種子〔2〕也。必揀所薰非能薰者，見還滅轉智〔3〕不於此識著絲毫工夫，但絕能薰，自無薰染。

一、「堅住性」〔4〕　無始以來，真如一分本體為末那所執，受其薰染，成其分段，種子、現行展轉相因，不離不散，以堅住故，持彼所薰，永不忘失；異生滅法〔5〕不能生起，抑不忘滅〔6〕；故受前七薰，而不能薰前七。

二、「無記性」〔7〕　謂無覆無記也。既本無善惡，亦無障礙，如清水流於大地，遇沙石則潔，遇泥垢則濁；無必受之薰，亦無不受之薰；力弱志遷，異有勝用〔8〕，可自作善惡、有覆等現行。

三、「可薰性」〔9〕　此揀心所，專言心王，常住自如，無所發動，薰至則坐受，不待捐己徇他，異有增減，可者因其可而受之，如人善飲啖，

能勝酒食，不傷醉飽，發爲心王，即有所注向，不遍可熏矣。

　　四、「與能熏和合」〔10〕　謂八識緣名色〔11〕而生前七見相二分，和合成一人，分段自然，如父依子，從其安養，全付家業任彼營爲，受其安危，異他人識與己有分段，雖熏不受。

【注釋】

〔1〕熏成種子：指後天薰習而成的種子。《成唯識論》卷二：「有諸有情無始時來有無漏種不由薰習法爾成就，後勝進位熏令增長。無漏法起以此爲因，無漏起時復熏成種，有漏法種類此應知。」

〔2〕自有種子：指本來具有、不經後天薰習而成的種子，即善良天性、本性。

〔3〕還滅轉智：即滅除惑業，捨除不正確的認識，回歸善良本性，成就普遍、平等、圓滿的理想人格。《成唯識論》卷三：「諸大乘經皆順無我，違數取趣，棄背流轉，趣向還滅，贊佛法僧，毀諸外道，表蘊等法遮勝性等，樂大乘者許能顯示無顛倒理，契經攝故，如《增一》等至教量攝。」卷十：「有漏位智劣識強，無漏位中智強識劣，爲勸有情依智捨識故，說轉八識而得此四智。」

〔4〕堅住性：指恒審思量、不可移易、無間斷性。《成唯識論》卷二：「若法始終一類相續能持習氣乃是所熏，此遮轉識及聲風等性不堅住，故非所熏。」

〔5〕生滅法：指生死相續、輪迴轉生的世間各種有所爲的方法。《成唯識論》卷二：「若法非常，能有作用生長習氣，乃是能熏。此遮無爲前後不變，無生長用故非能熏。」

〔6〕忘滅：指遺忘、摒除。

〔7〕無記性：指不確定功過、善惡的材質、能力和特性。

〔8〕勝用：指爲善作惡等殊勝功能和作用。《成唯識論》卷二：「應知聖教依勝用說，理實俱能通障二果。」

〔9〕可熏性：指可受熏、領受、收納的特性。《成唯識論》卷二：「若法自在性非堅密，能受習氣，乃是所熏。此遮心所及無爲法，依他堅密故非所熏。」

〔10〕與能熏和合：指與第七識同時相處、不即不離的特性。《成唯識論》卷二：「若與能熏同時同處，不即不離，乃是所熏。此遮他身刹那前後無和合義，故非所熏。」

〔11〕八識緣名色：指第八識與前七識名色相依而住，相互影響，不相捨離。《成唯識論》卷三：「名謂非色四蘊，色謂羯邏藍等。此二與識相依而住，如二束蘆

更互為緣，恒俱時轉不相捨離。」羯邏藍（歌羅邏），指懷胎七日就有呼吸、
適宜溫度狀如凝酥的物質載體和覺知力等生命要素。識體與這些條件和合相
生，從生至死，不相脫離。「歌羅邏，或羯邏藍，此云凝滑，又云雜穢，狀如
凝酥。胎中五位此初七日。」《大集經》云：「歌羅邏時即有三事，一命、二暖、
三識。出入息者名為壽命。不臭不爛名之為暖，即是業持火大故，地水等色不
臭不爛也。此中心意名之為識，即是剎那覺知心也。長無增減，三法和合從生
至死。」〔註9〕

【今譯】

「八識所熏四種涵義」第八識所含藏的種子，是被第七識熏染而成的，
非其本來自有。之所以要揀擇、區別所熏與能熏，是由此可見還滅轉智的關
鍵，不在第八識下絲毫工夫，而是抓住能產生熏染作用的第七識這個根本，
就不愁第八識會被熏染。

第八識被熏的原因有四：

第一、堅住性。指第八識堅固持守的性質。久遠以來，第八識真如本體
有一部份被第七識執持，受其熏染，成為分段生死，凝結成種子，種子又產
生現行，長期流轉；由於第八識堅固持守的特性，不離不散，永不忘失；與
生死輪迴不同的出世間法無法生起，也不泯滅；由此堅固性的緣故，第八識
只能持久被前七識熏染，而不能熏染前七識。

第二，無記性。即第八識具有無覆蔽真性，善惡、功過不確定的特性。
第八識本體清淨，無善惡，也無障蔽真如本體的功能，所以是不計度善惡、
無覆無記的。第八識好比潔淨的泉水，流經大地，遇到砂石則潔淨，遇到泥
巴則污濁；既無受熏染的必然性，也無不被熏染的防禦能力。它力弱志不堅，
不同於主動造作善惡、抵禦污染的能動性。

第三，可熏性。這不是指它的認識作用，而是就其識體本身而言。八識
識體常住自如，無所發動，在受熏時不主動抗禦，坐而接受，不消極待斃而
殉他；也沒有增加、減少的揀別作用，可者因其可而接受之，如同善於豪飲
的食客，對於酒肉都能勝任，酒醉飯飽而不傷身體。對識體發生的作用，有
所揀擇、有所專注，就不可能普遍受熏了。

第四，與能熏和合。指第八識識體與前七識的名相、實體相和合，產生

〔註9〕見《大正藏》No.2131《翻譯名義集》（卷6）T54，p1160b。

能認識（見分）和所認識（相分）的功能，和合如一人，又分段自然，相親如父子，憑藉他安養天年，全付家產和經營主動權都交付給他，和他一起感受安危、生死、苦樂。這與他人的認識與己有區隔，雖然受熏，可以有所不受是不同的。

【評析】

「八識所熏四義」章　論第八識之所以被第七識熏染的內在原因。第八識所含藏的種子非其自有，而是被第七識熏染而成的。只有把能熏與所熏相區別，才能把握還滅轉智的關鍵，一刀斬斷末那識，而不應只抓枝末，丟了根本。這個思想，船山再三強調，可見他是確有所悟的。

第八識之所以長久被熏的原因之一，是其堅固持守的性質。第八識本身無生起善染之功能，也無忘滅之功能，卻有堅固持守的特性，故能持久被熏。其次，是第八識具有無覆無記的不確定性。第八識本體清淨，無善惡，也無障蔽眞如本體的功能，雖無必受熏染的必然性，也無不被熏染的防禦能力，缺乏主動造作業障以及拒絕受染的能動性。其三，在受熏時無法抗禦，也沒有揀別作用，因其可則受之，故具有普遍受熏的特性。其四，是與前七識親密和合，親如父子。這四個特點和弱點，結合下章「能熏四義」，可以從正反兩面加深領會。

吳老認爲這四者既是優點，又是其缺點。本章所論心王的特點，實是揭示認識主體必須具備的四個根本要素：堅定性、靈活性、包容性、普遍性。要擔任還滅成智、轉識成智的重任，沒有堅定正確的政治方向和原則性，沒有很強的靈活性、廣泛的包容性、親和力和感染力，是很難勝任的。認識主體、處於主導地位，「常在江湖走，難免不濕鞋」，必然受到各種認識、各方面的影響，受到某種程度的感染，這既是保持獨立人格、獨善其身的有利條件，也有潛在的不利因素和危險性，關鍵在於自身「常住自如，無所發動」「異有增減」，在凡不減、在聖不增，既無爲而又無不爲，就能常住自如，瀟灑自在。此意船山在第三「可熏性」中已透露，值得吾人多加注意，深入思考。

（八）刀斬七識與迷悟二門

第七識具有薰染第八識的特殊功能；第六、七識的錯誤認識有其不同表現。認識有兩條根本對立的門徑，即迷悟二門：流轉五趣生死的流轉門和滅妄還真的還滅門。覺悟之路，即在窮八識之染因於七識，還其本體，不受其染，漸漸企彼異熟，即還真如：於七識命根一刀斬斷，絕滅無餘，六識枝蔓隨之摧折。

【原文22】

七識能薰四義

能薰者，能薰第八〔註1〕識也。前五薰八識相分，成未來一切相。七識薰八識見分，成未來一切見。第六二分〔1〕通薰。

一、「有生滅」　遇緣則生，緣滅則滅，異堅住性，能久持受；而以有生故，生起八識本無之色法〔2〕以薰八識，是有能薰之資〔3〕。此義前六顯有，第七雖堅持我執，而瞥爾妄生即有生，命終消滅，後有變易即有滅，特不似前六之速遷耳。

二「有勝用」　七識有執持〔4〕之強力，六識有分別之善巧，前五有覺了之明慧，異無覆性之體虛而作用不行。以我足薰之力〔5〕，薰彼普受之量，是具能薰之才〔6〕。

三「有增減」　增則自增，減則自減，善染輕重，皆由乎己；欲薰則

〔註1〕　「八」原脫。原注：「第」下應有「八」字。

熏，不受他熏，異可熏性，是有能熏之權〔7〕。

四「與所熏和合」　由自阿賴耶，生自末那及前六識，自然此熏彼受，如子依父，故能熏彼而不逢違拒，是有能熏之緣〔8〕。此義緣兼王所而言，前七王所皆與八識心王相和合也。若八識心所亦有生滅勝用，應不受熏，還自薰心王，與前七同爲能熏；以遍行五心〔所〕〔註2〕貫徹八位識〔9〕中，雖各分屬，原無二致，非八位中有四十遍行也。

【注釋】

〔1〕二分：指見相二分，即認識能力和認識對象。

〔2〕本無之色法：本無，與生俱來不具有的性質。色，物體、有質礙之物；法，名相、概念。指由於第七識的執持，使第八識生起本來未有的質礙性和意識、精神。

〔3〕能熏之資：資，資質。指能薰染對象的資質。

〔4〕執持：執著、堅毅把持的能力。

〔5〕足熏之力：具有充足的薰染力。

〔6〕能熏之才：能薰染的才性。

〔7〕能熏之權：具有薰染、取捨、權衡輕重的決斷力和靈活性。

〔8〕能熏之緣：能薰染、感化的根據和條件。

〔9〕以遍行五心〔所〕貫徹八位識：在八識各位中始終與觸、作意、受、想、思五遍行法普遍相應。《成唯識論》卷三：「此識與幾心所相應？常與觸、作意、受、想、思相應。阿賴耶識無始時來乃至未轉，於一切位恒與此五心所相應，以是遍行心所攝故。」

【今譯】

第七識能熏的四種涵義　能熏，是指第七識薰染第八識的原因和能力。前五識薰染第八識所認識、分別的內容和對象，成爲未來的一切名相、相狀；第七識薰染第八識的認識能力，成爲未來的一切認識主體。第六識則對第八識的見分、相分都薰染。

第一，有生滅性，這與第八識的堅固持守性恰恰相反。有生滅就是到處尋找機會，有機緣就生起，緣散則滅，不同於第八識的堅固持守性，能長久

〔註2〕原注：「心」下應有「所」字。

保持；而由此有衍生的緣故，不斷生起第八識所本無的有質礙之物和名相，以影響、薰染第八識，這就是它能薰的資質。前六識的有生滅性十分明顯，第七識不斷對認識產生執著，剎那之間生命產生，認識就有生；一期生命終結，後有變易的生死，認識就有滅，雖亦有生滅性，但速度不如前六那麼快。

第二，有勝過別人的特殊功用。第七識有特別強的執持能力；第六識有善於分別的技巧；前五識有直接覺知的特性。這與第八識無覆無記的體虛無力、抵禦與揀別能力難以施展恰恰相反。由於具備充足的力用，有普遍薰染的氣量，這就具備了能薰的才性。

第三，有增減。增減即對數量增加與減少進行揀別，善惡、輕重的權衡全由自己；想薰即薰，不受他人的薰染，不同於第八識只有被薰的可能性，這就掌握了能薰的主動權。

第四，與所薰和合。第七識由賴耶識而來，生自末那及前六識，自然能與第八識和合，能薰與所薰互不相違，相互密切配合，親如父子，因而具備能薰的因緣。此層意義兼及認識主體與認識客體，而且前七各自能薰、所薰都與第八識的認識主體密不可分。雖然各識心所不同，其能薰與所薰和合的普遍性是統一的，不是八識中有四十個各自不同的遍行法。

【評析】

第七識能薰的第一個原因是有生滅性，這與第八識的堅持性恰恰相反。第二個原因是有勝過別人、特別強的執持能力，如同第六識有善於分別的技巧，前五識有直接覺知的小聰明一樣，但卻不同於第八識的無記性和軟弱性。第三個原因有增減，即對於能薰、善與惡、數量的增減進行揀別與權衡，而且有薰染別人，不受他薰的主動性、獨立性。這與第八識只有被薰的可能性不同。第四個原因與所薰和合，有能薰的因緣，能與第八識密切配合，親如父子。這與第八識「與能薰和合」相一致。

王恩洋認為：「八識心所薰心王，五個遍行心所遍八個識，皆船山創解。」心所自薰心王，即以所認識的道理反過來影響認識主體，這包含在認識、改造世界中改造自己的認識能力的思想。接觸、作意、感受、想像、思維這些認識活動，在前五、第六、七、八識中都有能認識、所認識的區別，這是在科學、理性思維的層面所必需的；到了轉識成智、追求解脫的時候，是能認識與所認識泯然為一，不僅要「空」去所認識的一切，而且連「空」也要空掉。此層船山少有論及，詳下唯識五位章。

【原文 23】

邪見五種

此六七二識心所根惑〔1〕中不正見也。其類甚多，要不出此五見之中。

一、「身見」〔2〕　執妄身爲我，起種種貪著，如此土玄門〔3〕之類。此見七識爲根本，至六識而增長，屬我執無明。

二、「邊見」〔4〕　不得中道〔5〕，墮於一邊。凡有二種，一切不正之見皆此二見爲主。一、「斷見」〔6〕，謂一切法究竟消滅，無因果。二、「常見」〔7〕，謂一切法常在不滅，破如幻於非斷非常、亦斷亦常法，各得一邊，執之成妄。此見從六識生起，七識以恒審持之，結習不捨，屬法執無明。

三、「邪見」〔8〕　妄立魔天神鬼，信爲生緣，如今世天主教〔9〕之類。此見全是六識妄結，惱亂他人，屬煩惱。

四、「見取」〔10〕　於非果計果，如以無想天爲涅槃之類。此見緣七識執八識爲自內我，因據八識心王不生滅爲果，屬無明。

五、「戒禁取」〔11〕　於非因計因，如持牛狗戒〔12〕，衣草木，食穢惡，拔髮、熏鼻、臥刺、投棘；今之穿脅、燒指、打餓七〔13〕、坐釘關，乃至積薪自焚、跳火坑等，皆其眷屬。此見全是六識非量結成，七識癡疑迷，自惱惱他，屬煩惱。

【注釋】

〔1〕根惑：即根本煩惱：貪、瞋、癡、慢、疑、邪。

〔2〕身見：指對於虛幻的自身執以爲實的妄見。《成唯識論》卷六：「薩迦耶見，謂於五取蘊執我我所，一切見趣所依爲業。」

〔3〕玄門：指玄異的邪門迷信。

〔4〕邊見：指離開中道觀的偏見。包括斷見、常見兩種偏向。《成唯識論》卷六：「邊執見，謂即於彼隨執斷常，障處中行、出離爲業。」

〔5〕中道：指全面把握事物因果聯繫，不偏不倚，沒有任何絕對化、片面性的觀點。《成唯識論》卷三：「因果理趣顯然，遠離二邊，契會中道。」

〔6〕斷見：指否定因果關係的武斷見解。

〔7〕常見：指認爲諸法有恒常不變的永恆實體的片面觀點。

〔8〕邪見：指關於妖魔神怪等各種荒誕見解。《成唯識論》卷三：「……或計自在

世主釋梵及餘物類常恒不易，或計自在等是一切物因，或有橫計諸邪解脫，或有妄執非道爲道，諸如是等皆邪見攝。」

〔9〕天主教：「天主」一詞源自《史記‧封禪書》所載「八神，一曰天主，祠天齊」，一般指對主宰天地萬物、按正義賞善罰惡的至高無上的天神的信仰。英文「Christianity」，指一切相信救世主耶穌‧基督的信仰，包括天主教、正教和新教等；而英文「Protestantism」，更確切的翻譯是「新教」，是1517年由馬丁‧路德宗教改革後形成的基督宗教教派。船山當年所見天主教與今天的情況不同，應加以區別。

〔10〕見取：即把所持的果報、見解等執爲最正確、最清淨的偏見。《成唯識論》卷三：「於諸見及所依蘊，執爲最勝、能得清淨，一切鬥諍所依爲業。」

〔11〕戒禁取：指對不屬於因果報應的原因，以及應當禁戒的東西的虛妄見解。《成唯識論》卷三：「謂於隨順諸見、戒禁及所依蘊，執爲最勝、能得清淨，無利勤苦所依爲業。」

〔12〕牛狗戒：指受持牛戒、狗戒的古印度苦行外道。他們以爲牛狗之所作，爲生天之業因，故模仿牛狗之齩草啖污等種種苦行，唯望生天。〔註3〕

〔13〕打餓七：指七天不食、不喝的苦修法門。聖嚴法師《禪門驪珠集》第十篇「明末以來的禪師‧來果妙樹」載：來果『二十四歲六月，辭雙親，至南海普陀，私自將髮剪下，光頭赤足，穿上破袍，求得方便鏟、棕蒲團、木瓢、筷子後，向深山中打餓七，先後十三天未進飲食，由此一餓，家情俗念徹底忘清。」

【今譯】

「邪見五種」章　論五種不正確的見解。指第六、第七識心所中不正確的根本見解，種類很多，大體上分五大類，即身見、邊見、邪見、見取見、戒禁取見。

身見，指對於自身、自我的執著這種妄見。對於身體、肉身的執著，如中土的玄門異道。這種對於我愛、我知、我得、我證等的執著，以第七識的我執爲根本，至第六識而增長，屬我執煩惱障。

邊見，指離開中道觀，主觀、絕對化的偏見。有兩種，一切不正確的觀點都以此爲主。第一，斷見，指一切都是孤立的、絕對的，否定其因果聯繫

〔註3〕　參北本大般涅槃經卷十六、大毗婆沙論卷一一四、俱舍論卷十九、法苑珠林卷八十三。

的錯誤觀點；第二，常見，指認爲諸法是恒常不變的，否定諸法如幻、亦斷滅亦常恒不變、非斷滅亦非恒常不變，各執一端的偏見。此見從第六意識生起，第七識恒常執著，屬於法執煩惱障。

邪見，指把邪魔神怪視爲生命主宰體的見解，如同時下流行的異教之類。這種邪見全是從第六識生起，以此惱亂他人，屬煩惱障。

見取見，即把虛妄的因緣果報關係誤以爲正確的錯誤觀點。如把異想天開的無想天作爲涅槃正途即是。此見從第七識生，緣於第七識執著於八識心王爲自身內在的主觀偏見，屬所知障。

戒禁取，是把不屬於因果報應根本原因的禁戒，作爲應當信守奉行的東西的虛妄見解。如持牛戒、狗戒、穿草木製作的衣服、吃污穢之物、拔光頭髮、薰鼻子、臥荊棘等，時下流行的穿脅、燒指頭、連續七天不吃不喝的苦修、坐釘板等種種帶有迷信色彩的見解和活動。這些全是第六識生起的非理性行爲，第七識執持不捨，屬煩惱障。

【評析】

「邪見五種」章　論五種惡見。王恩洋認爲邪見只是惡見中的一種，故依《成唯識論》，將「邪見五種」改爲「惡見五種」。王說是。惡見指不正確的見解，主要指認識上的是非、善惡、苦樂的顛倒。邪見則是對世界、生命的主宰物的顛倒認識。前者較後者範圍更廣。《成唯識論》卷六：「云何惡見？於諸諦理顛倒推求，度染慧爲性，能障善見招苦爲業，謂惡見者多受苦故。」

惡見大體上分五大類，即身見、邊見、邪見、見取見、戒禁取見。身見，是對於自身、自我的執著，對於身體、肉身的執著，對於我愛、我知、我得、我證等的執著，即第七識的我執。邊見，指離開中道觀的偏見，包括否定因果報應，把諸法無常執爲恒常不變等偏見。邪見，指關於怪力亂神的荒誕見解。見取見，即對於所取著的果報的不正確觀點。戒禁取，指對不屬於因果報應的原因、不正當的禁戒、行爲的虛妄見解。

【原文 24】

迷悟二門

二門皆盡唯識宗旨〔1〕。《規矩頌》〔2〕前八句恭頌流轉門〔3〕，後四句頌還滅門〔4〕。

「流轉門」　門者，如共一室，內開二門，一門爲吉祥之路，一門爲兇禍之途，唯人所趣；所趣一異，則安危懸隔。蓋生人趣中，同此阿賴耶識，悟者由之證涅槃菩提〔5〕，迷者緣之墮五趣生死〔6〕，惟自所向往之門，決於發足〔7〕時耳。

流轉者，五趣生死之門也。從八識順其習氣瀑流〔8〕之機，起五遍行，不復回顧眞如，一注七六二識，一注前五識，生諸心所，成隨煩惱，謂之流。從七識違背眞如，轉變其圓實之性，染八識無覆爲有覆，變六識別境令生不定，而具根本六惑，乘前五之發即與和合，變成三惑重障〔9〕，謂之轉。且流且轉，轉而復流，現行種子互相生而不已，因果相仍而不捨，永無出離。十二因緣之業海，皆由此門而出也。《成唯識論》以流轉顯生死因，故順其緣生之勢立三變門〔10〕，從眞如變賴耶爲一變，從賴耶變末那爲二變，從末那變前六爲三變，順序〔11〕也。

「還滅門」　還滅者，滅妄還眞。非滅妄不能還眞，還眞則妄自滅，此所謂「十方薄伽梵〔12〕，一路涅槃也。」「還」者，逆八識順流之波，窮前五之妄，歸同時之意識，即還六識妙觀〔13〕，不轉前五成妄。窮六識之妄歸七識，即還七識本無之體，不染六識具諸惑障。窮八識之染因於七識，而本自無覆，即還本體，不受其染，漸漸舍彼異熟，即還眞如。「滅」者，於七識命根〔14〕一刀斬斷，絕滅無餘，六識枝蔓隨之摧折。七識滅則六識滅，六識滅則七識後念滅，前五同時意識、八識見相二分皆滅。

此門唯博地凡夫〔15〕早悟唯識宗旨，不爲二乘根門所惑，及阿羅漢加行成熟，不自憍疑，發大乘心，精進不已；由四資糧〔16〕至初地〔17〕入見道位〔18〕，於六識滅現行二障，於七識滅分別二執；至二地〔19〕入修道位〔20〕，漸次成熟；入第七遠行地〔21〕，不假觀門，六識滅盡；至第八不動地〔22〕，七識我執永滅，唯餘間起之法執；八識因之將還自淨，唯異熟識在；至等覺位〔23〕一刹那頃，微細俱生法執斷盡無餘，第八異熟即此頓空；入佛果位〔24〕，六七二識得復，無妨再用爲利他權法，照大千界，應十地機，而第八轉成無垢，即證大圓鏡智；前五因其現量，成無漏功德，分三類身〔25〕，總還圓成實性眞如本體矣。

六七二識還滅最在前，自初地初心而始，以見修二位皆於此二識施功用故，故謂「六七因中轉」，還滅之〔切〕功〔註4〕，在此二識也。前五及

―――――――――――――――
〔註4〕　「功」原作「切」，據文意改。

八識還滅在後，前五尤在最後，八識至八地賴耶始滅，至等覺異熟乃空，還歸無垢。前五直至佛果，乃得圓明，初發無漏分身，應眾生之用。蓋其還滅之功在六七二識，在八識尚有一分無功之功，在前五並此而無，故謂「五八果上轉」。若欲於前五施還滅之功，則是二乘折伏根門愚法；若欲滅盡八識，即墮外道斷見。七識純用滅〔26〕，六識半滅半還〔27〕，自類種子不因七識染者，亦八識之分注，可用為觀門，還其本智；因七識染者，七識滅則自滅。前五、第八唯還無滅。《規矩》說還滅法立四頌〔28〕，從粗入微，以前五始，以第八終，逆序〔29〕也。

【注釋】

〔1〕唯識宗旨：指唯識宗三界唯心、一切唯識，破除人我、法我二執，還滅證真，得大菩提的根本義理。《成唯識論》卷一：「今造此論，為於二空有迷謬者生正解故，生解為斷二重障故。由我法執二障具生，若證二空彼障隨斷，斷障為得二勝果故，由斷續生煩惱障故，證真解脫；由斷礙解所知障故，得大菩提。」

〔2〕《規矩頌》：即玄奘法師撰《八識規矩頌》，用四組十二首七絕，將探窺宇宙、人生、生命奧秘的唯識宗哲學體系，高屋建瓴、提綱挈領地和盤托出。八識共四十八頌，前五、第六、第七、第八識各三首，每首一句，共十二句。前八句為還滅門，後四句為流轉門。

〔3〕流轉門：指順從世間之情慾、習氣，在生死中輪迴不息之門徑。《成唯識論》卷三：「謂由有此第八識故，執持一切順流轉法，令諸有情流轉生死。」

〔4〕還滅門：指出離世俗之欲望、俗染、習氣，滅淨煩惱之妄，返回真如本體，趨向涅槃成佛的門徑。《成唯識論》卷三：「謂繇有此第八識故，執持一切順還滅法，令修行者證得涅槃。」

〔5〕涅槃菩提：涅槃，指斷煩惱、所知障，恢復清淨自性和覺性，達到無我利他、自在、圓滿的精神境界。《成唯識論》卷十：「所顯得謂大涅槃。此雖本來自性清淨，而由客障覆令不顯真，聖道生斷彼障故，令其相顯，名得涅槃。」菩提，指本來具有及後天所證得的覺悟和覺照力。《成唯識論》卷十：「所生得謂大菩提。此雖本來有能生種，而所知障礙故不生，由聖道力斷彼障故，令從種起，名得菩提。」

〔6〕五趣生死：五趣，指有情眾生所趣之處所、生命的不同歸宿，即：地獄、餓鬼、畜生、人、天。意為眾生隨其過去所招感的善惡業力，分別在三惡道（地

獄、餓鬼、畜生）或善道（人、天）中生死輪迴。《成唯識論》卷三：「契經說有情流轉五趣四生，若無此識，彼趣生體不應有故。」

〔7〕發足：指開始時的發心和願力。

〔8〕習氣瀑流：習氣指招引眾苦的惑業、苦種。《成唯識論》卷八：「生死相續由惑業苦，發業潤生煩惱名惑，能感後有諸業名業。業所引生眾苦名苦，惑業苦種皆名習氣。」瀑流指無始來生滅相續，如瀑流水。《成唯識論》卷三：「因果法爾，如瀑流水非斷非常，相續長時有所漂溺。此識亦爾，從無始來生滅相續非常非斷，漂溺有情令不出離。」

〔9〕三惑重障：指前五識的貪、瞋、癡根本惑，重重障礙。

〔10〕三變門：指第八識執持順流轉法，流轉生死的三個階段。《成唯識論》卷三：「有諸趣者，有善惡趣。謂繇有此第八識故，執持一切順流轉法，令諸有情流轉生死。」

〔11〕順序：即順世間欲望、習氣、業力而流轉生死的次第。

〔12〕薄伽梵：即佛。十方薄伽梵，一路涅槃門，即十方佛是順著還滅門這一路走向涅槃解脫的。《楞嚴經》卷五載：「聖凡無二路，汝觀交中性，空有二俱非。迷晦即無明，發明便解脫。解結因次第，六解一亦亡。根選擇圓通，入流成正覺。陀那微細識，習氣成瀑流。真非真恐迷，我常不開演。自心取自心，非幻成幻法。不取無非幻，非幻尚不生，幻法云何立？是名妙蓮華，金剛王寶覺。如幻三摩提，彈指超無學。此阿毗達磨，十方薄伽梵，一路涅槃門。」

〔13〕六識妙觀：即第六識善妙觀察諸法實相，斷一切疑惑，獲得利益的智慧。《成唯識論》卷十：「妙觀察智相應心品，謂此心品善觀諸法自相共相，無礙而轉，攝觀無量總持之門及所發生功德珍寶，於大眾會能現無邊作用差別，皆得自在，雨大法雨，斷一切疑，令諸有情皆獲利樂。」

〔14〕七識命根：命根，指生命的主宰體和精神本體。七識命根，指第七識的根本。《成唯識論》卷一：「此識足為界趣生體，是遍、恒、續、異熟果故，無勞別執有實命根。然依親生此識種子，由業所引功能差別住時，決定假立命根。」

〔15〕博地凡夫：博或作薄。薄者，逼也，逼於下地也。博地凡夫，指凡夫的境界。《淨心戒觀》下曰：「薄地凡夫臭身鄙陋，果報卑劣。」大部補注十一曰：「博地，博廣多也。下凡之地廣多故耳。」

〔16〕四資糧：指長遠資助觀照、轉識、解脫的條件和因素。《成唯識論》卷一：「資糧位，謂從為得諦現觀故，發起決定勝善法欲，乃至未得順決擇分所有善根，名資糧位，能遠資生根本位故。」

〔17〕初地：即十地的極喜地，指修行的初步階段，證得聖性，能饒益眾生，生大喜悅。《成唯識論》卷九：「一極喜地，初獲聖性，具證二空，能益自他，生大喜故。」

〔18〕見道位：指修行初步見到空性，意識妄念不生，沒有分別我執。參下章「初三資糧位入初地見道位中，斷分別我法二執現行無明煩惱上品障。」

〔19〕二地：指修行的第二階段，到達戒律清淨，遠離微細煩惱的離垢地。《成唯識論》卷九：「離垢地，具淨尸羅，遠離能起微細毀犯煩惱垢故。」

〔20〕修道位：指見道後，修行菩薩道。

〔21〕遠行地：指修行功用最為究竟的階段，一切法相均不能動，而於無相猶有功用。《攝大乘論》無性釋七卷云：「言遠行者，至功用行最後邊故。謂此地中，諸功用行最為究竟，一切法相雖不能動，而於無相猶有功用。」《成唯識論》卷九云：「遠行地，至無相住功用後邊，出過世間二乘道故。」

〔22〕不動地：指修習位中十地的第八地，此位菩薩無漏無分別智任運相續，一切有相功用及諸煩惱不能攪動它。如《解深密經》云：「由於無相得無功用，於諸相中不為現行煩惱所動，是故第八名不動地。」

〔23〕等覺位：是菩薩之極位，將得妙覺之果，其智慧功德等似妙覺，故謂之等覺。

〔24〕佛果位：即究竟位，指修行圓滿，永斷一切粗重煩惱，頓證佛果，利樂無盡眾生。《成唯識論》卷十云：「果圓滿轉，謂究竟位，由三大劫阿僧企耶修集無邊難行勝行金剛喻定，現在前時，永斷本來一切粗重，頓證佛果圓滿轉依，窮未來際利樂無盡。」

〔25〕三類身：指法身的三種區別：本質屬性的自性身、自他利益的受用身和方便度生的變化身。《成唯識論》卷十：法身有三相別：一、自性身……二、受用身……三、變化身。

〔26〕純用滅：純用，指污染和執持之功用。純用滅，即第七識污染和執持之功用已滅去。

〔27〕半滅半還：指第六識保留其思維之觀照作用，而滅去其受染的功能，故曰半還半滅。

〔28〕《規矩》說還滅法立四頌：指《八識規矩頌》的後四頌：「極喜初心平等性，無功用行我恆摧，如來現起他受用，十地菩薩所被機。性唯無覆五遍行，界地隨他業力生，二乘不了因迷執，由此能興論主諍。浩浩三藏不可窮，淵深七浪境為風。受熏持種根身器，去後來先作主公。不動地前才舍藏，金剛道後異熟空，

大圓無垢同時發，普照十方塵剎中。」

〔29〕逆序：即背塵合覺，逆世俗欲望、執著、流轉之序，依循還滅、解脫之路，走
向菩提涅槃。

【今譯】

「迷與悟的兩個不同門徑」迷與悟二種截然不同的門徑，囊括了唯識宗
的根本宗旨。《八識規矩頌》前八句「性境現量通三性……六轉呼為染淨依」，
即指順世間之情慾、知見和業力而輪迴生死之中的流轉門；後四句「極喜初
心平等位……普照十方塵剎中」即指逆世俗之道而行，滅盡煩惱，還歸真如
自性的還滅門。

流轉門：門，如同共居一室，內開兩個門，一門通往吉祥幸福之路，一
門是通向災禍叢生的畏途，全在於自己的選擇；從一邁步起，選擇的路向不
同，安危就有大壞之別。同樣是生在人世，同樣是阿賴耶識做主，覺悟的人
由此證入涅槃菩提大道，癡迷者由此墮入輪迴五趣的畏途，區別只在於所選
擇的門徑，決定於最初邁步時的發心罷了。

流轉，是在地獄、惡鬼、畜生、人間、天上輪迴生死。從第八識順其習
性、業力之潮流，產生五種普遍性的心理、認識活動，不再回顧真如本性，
一部份流注第七、第六識，一部份流注前五識，產生能認識、所認識的分別，
變成隨根本煩惱而產生的次生煩惱障，叫做流；從第七識違背真如，改變其
圓滿實在的自性，反過來污染第八識，變無覆蓋遮蔽為有覆蓋遮蔽，變第六
識的特定境界為不定的境界，具備流轉不斷的六種根本性煩惱，乘前五識作
用的發起，即與之和合，成為三種嚴重的惑障，就叫轉。這樣不斷流注，不
斷轉變，轉變後又繼續遷流，現實流變與本來的種子相互影響，生生不已，
不斷循環，相續不斷，就永無出離業海的日子。十二因緣的業海都由此門而
出。《成唯識論》以流轉門彰顯生死輪迴不斷的原因，所以順著這種因緣揭示
三層變化，從真如到阿賴耶起一變化，從賴耶到末那為第二層變化，從末那
再到前六為第三層變化，這是順從世俗欲望、業力的方向遷流，稱為順序。

還滅門：所謂還滅，就是滅淨煩惱之妄，返回真如本體。不滅妄不能返
回真如，返回真如則虛妄自滅。這就是所謂「十方之佛陀，由此證涅槃」。還
滅的還，就是從八識流轉的趨勢逆流而上，窮究前五識的虛妄，歸於同時發
生的意識，返回第六識妙觀察的智慧，不使它轉成前五識的虛妄；窮究六識
虛妄的根源第七識，還其本無的本體，不去污染第六識，使其成為惑亂身心

的障礙；窮究第八識之染因末那識，回覆其沒有覆蔽眞如的清淨本體，不受其污染，漸漸捨除其異時成熟之果，復歸眞如本體。之所以叫「滅」，是在滅除末那識這一根本，一刀斬斷，絕滅無餘，第六識的分枝曼葉隨之摧折。七識滅，六識也就滅；六識滅，則七識後念一起滅，前五同時發生的意識，第八識的能見、所見都滅。

「還滅門」只有在博地的凡夫早早悟到唯識宗旨，不受小乘根器之人所局限，以及修成阿羅漢，修福德、智慧的加行成熟，不再憍慢、懷疑，從而發揚自度度他的大乘精神，精進不懈才行。由四種資糧進入歡喜地的見道位，在第六意識中滅除現行發生的兩種障礙，第七末那識則滅除分別法執和我執：到第二階段離垢地，入修道位，修行漸次成熟；到第七遠行階段，不需利用觀照，六識就滅盡；至第八不爲任何業風所動階段，第七識的我執永遠滅除，只餘下偶而而發起的一點法執；第八識因此將返回清淨本性的白淨識，僅餘一些異時而熟之識還存在；至菩薩等同妙覺階段，刹那之間，一切微細的、與之同時產生的法執消滅，異熟頓空；第六、七識仍保留其利他功能，照大千世界，應赴各種機宜；第八識轉成清淨無垢，證大圓鏡智；前五識因其現實性，成無漏失的功德，現法身、化身、應身三類分身，返回圓滿清淨的本性。

關於還滅的順序，八識中，第六、七識先還滅，從歡喜地、初發心開始，於見道、修道位，都在此第六、七識用功，所以說是「第六、第七識，因地開始轉」，還滅的功用在此二識始顯示；前五及第八識還滅在後，前五識尤在最後；第八識在第八不動地賴耶識始滅，至菩薩等同妙覺位，異時成熟的認識才空去，回歸無垢之本體；前五直至佛果位，才能展現圓滿光明，始顯現無漏失的分身，適應眾生的機用。這是因爲還滅之功在第六、七二識，在第八識猶有一分無功之功，而前五識則沒有這種功用，所以說「前五、第八識，都在果上轉。」如果只想在前五識上求還滅之功效，那只能是小乘人折服五根根門的愚蠢之舉。如果要滅盡第八識，即墮入外道絕對斷滅之偏見。第七識純粹的污染和執持功用即滅，第六識保留其思維的妙觀寂照作用，而滅去其受染的功能，故曰半滅半還；與自身相類似的種子不因第七識而受染污，也是第八識本體一分流注，可作爲觀照之用，恢復其本智；因第七識污染的緣故，第七識滅則六識隨之而滅。前五識、第八識只有恢復其眞如本性，只還無滅。《八識規矩頌》說還滅法有四句頌，由粗及微，從前五開始，至第八

識而終結，這是與流轉相反的逆向運動，故稱「逆序」。

【評析】

「迷悟二門」章　論迷悟的二種截然不同門徑。此章是全書的中心所在。《八識規矩頌》前八句指順世間之情慾、知見而輪迴生死的流轉門，後四句指逆世俗之道，滅盡煩惱，回歸真如涅槃成佛的還滅門。兩條根本不同的人生道路，全在自己的選擇。覺悟的人由此證涅槃菩提，癡迷者由此墮入五趣兒途，區別只在於所選門徑和最初的發心。

流轉，是在地獄、惡鬼、畜生、人間、天上輪迴不斷。從第八識順其習性、業力之潮流，一部份流注第七、第六識，一部份流注前五識，產生能認識、所認識，成煩惱障，叫做流；第七識違背真如，改變其圓滿實在的自性，反過來污染第八識，使其真性受到覆蓋遮蔽，變第六識特定境界為不定境界，具備六種根本性煩惱，與前五識相和合，變成三重嚴重的惑障，就叫轉。這樣不斷流注、轉變，轉變後又繼續潭流，現行與種子相互影響，相續不斷，永無出離業海之日。十二因緣的業海流注都從此門開出。《成唯識論》以流轉彰顯生死輪迴的原因，立有三重變化門徑，從真如到賴耶，從賴耶再到末那，從末那再到前六，這是順從世俗的欲望、業力的方向流變，故稱為順序。

還滅，就是滅除煩惱之妄，返回真如本體。「十方人覺者，循此證涅槃」。這是從第八識逆流而上，窮究前五識的虛妄，返回第六識妙觀察的智慧；窮追第七識，返回其本無的識體，不去污染第六識使其成為惑亂身心的障礙；窮究第八識之染因末那識，回覆其無覆蔽的真如本體。還滅之功，在於一刀斬斷末那，其餘枝蔓隨之摧折。這個「還滅門」只有博地凡夫及早悟到唯識宗旨，不受小乘根器的局限，以及修成阿羅漢，修福德、智慧加行成熟，不妄自驕慢、懷疑，發揚大乘佛教精神，精進不懈才行。

《相宗絡索》圖解

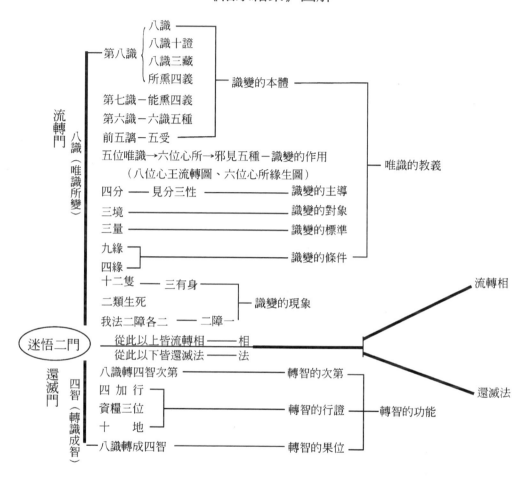

　　原書船山在「還滅門」中附有「人形圖」，王恩洋認爲「全然看不出意義，擬刪」。其實，此人形圖乃《相宗絡索》一書之綱宗的圖解，揭示了唯識轉依之脈絡，十分重要，不能刪去，詳吳立民《唯識法幢，斯書爲鑒》（代前言）〔註5〕。至於王恩洋認爲「四加行位在資糧位後，通達位前，由資糧起加行，由加行入見道。船山弄錯位次。」《成唯識論》卷九說：「何謂悟入唯識五位？一、資糧位，謂修大乘順解脫分。二、加行位，謂修大乘順決擇分。三、通達位，謂諸菩薩所住見道。四、修習位，謂諸菩薩所住修道。五、究竟位，謂住無上正等菩提。」從資糧位到加行位、通達位、修道位，再到究竟位，

〔註5〕吳立民《船山佛道思想研究・代序》，湖南出版社1992，第1頁。

這正是王恩洋先生之所本，故此說可從。

關於還滅的順序，第六七二識先還滅，六識從初地見道起，至遠行地即滅盡；第七識從見道位起，至不動地我執永滅；前五、第八二識還滅在後，第八識在遠行地將還白淨識，至等覺位異熟頓空，至佛果位轉成無垢，證大圓鏡智；前五識至佛果位亦還真如本體。這是與流轉相反的逆向運動，故稱「逆序」。只有逆世間欲望、習性、業力之潮流，破除物、我之執著，返回清淨覺性，樹立無我利他的人生觀，才能獲得解脫，利益人天。

（九）轉識成智

法相宗顯標漸教，密示頓宗，強調頓漸統一。轉識成智，即轉八識爲成所作智、妙觀察智、平等性智、大圓鏡智。加行位，漸除所取、能取的分別，引發眞見；於資糧位加深信解，以善根福德、智慧資糧，淨化自己的意識、行爲，爲證入第七、第八識還滅境界作準備。

【原文 25】

八識轉四智次第

此約漸教而說。若從相宗悟入，只有逕滅七識，餘七一齊俱轉。相宗顯標漸教，密示頓宗〔1〕，在人自悟耳。

「前五識轉唯一品」〔2〕 變相觀空，乃同時意識入人空觀〔3〕，雖前五異前心所不立，仍是六識帶轉，前五未能自得無漏眞智，不可謂轉。直至佛果，方證即相即空，無觀無變，分身無漏，前五之果頓轉成智。蓋前五雖與第八俱于果轉，因中無功，而八識猶有澄定擴充無功之功。唯前五自見道、修道直至等覺位，全不於此用修、用證，不動絲毫，即成無漏，故言如來亦有肉眼〔4〕；八識轉後依舊是舊時人，而三類之身〔5〕自現，所以大異於二乘守定根門下折伏死功、打車不打牛〔6〕之大愚者，在此。

「六識三品轉」〔7〕 初三資糧位入初地見道位中，斷分別我法二執、現行無明煩惱上品障；自二地至七地修道位，斷分別二執中品障；以未能常在雙空觀，俱生二障猶然間起而成現行，七位後常在觀門，俱生二障永

-131-

不現行，斷下品障。此識但有現行，七識乃其種子，故但於現行轉，不能轉種子；即能轉分別種子，不能轉俱生種子〔8〕。從八地至等覺位，不於此識修因，亦不於此識得果，八地以上觀察智不行。

「七識三品轉」〔9〕　初地初心入見道位，以六識無漏智觀我執不生，而法執猶恒，此因六識而轉，爲下品轉；至第八不動地，我執永伏，法執間起，染性已空，有覆未泯，覺爲有智可得，有佛可乘，爲中品轉；至等覺位一剎那頃，俱生法執盡滅無餘，入佛果位，不妨仍示平等智中差別，應十地菩薩堪受之機，爲上品轉。雖有三品，而初發心時早識此末那爲八識流轉根本，一刀斬斷，不假六識觀門漸次降伏，尤唯識秘密法〔10〕也。

「八識三轉異名」〔11〕　初地凡夫直至遠行地，名阿賴耶識，此翻藏識，皆被七識執爲內自我，令藏過去末那所熏一類相續種子，亦藏現在前七現行我法二執種子。至遠行地入第八不動地，七識俱生我執不起，解放八識之縛，不受拘染，不熏未來種子，而七識俱法執未泯，執此八識有可修、可證之法，此無始來時暗藏種子雖現行不起，而未即消滅，累此八識帶一分鏡中遠影，藏已捨而此不捨，名毗播伽識〔12〕，此翻異熟，因伏果中，果位不圓，智成有漏。至等覺位一剎那頃，七識轉盡，從此盡未來際，不受一毫薰染，無始以來原不曾熏動絲毫，還與眞如契合無二，名無垢識，一曰白淨識；《解深密經》立爲第九識〔13〕，實即八識轉後之異名爾。八識與七識同時俱轉，八識無孤轉之理，故曰如束蘆交轉。轉入之功全在第七，有一分因，即獲一分果，更無觀待。此已得阿羅漢果，不自憍懷放逸，墮四空天趣〔14〕，而加修習之功，成熟淨行四品〔15〕，凡二位陞進〔16〕。

【注釋】

〔1〕顯標漸教，密示頓宗：指表面上說漸修漸悟，實質上強調頓悟法門。《成唯識論》卷九：「云何漸次悟入唯識？謂諸菩薩於識相性資糧位中能深信解，在加行位能漸伏除所取、能取，引發眞見，在通達位如實通達，修習位中如所見理數數修習，伏斷餘障，至究竟位出障圓明，能盡未來化有情類，復令悟入唯識相性。」《成唯識論》卷十：「通緣內外粗細境生品類差別有眾多故，二乘根鈍漸斷障時，必各別起無間解脫，加行勝進或別、或總；菩薩利根漸斷障位，非要別起無間解脫，剎那剎那能斷證故，加行等四，剎那剎那，前後相望皆容具

有。」

〔2〕前五識轉唯一品：指前五識轉爲成所作智，只有直接轉成無漏一階段，沒有上中下三品之分。

〔3〕人空觀：也稱我空觀。即破除對認識主體執著的觀點。《成唯識論》卷十：「何緣世尊說十二處，依識所變非別實有？爲入我空說六二法，如遮斷見說續有情；爲入法空復說唯識，令知外法亦非有故。」

〔4〕如來亦有肉眼：指入究竟位、佛果位的人，五根不動絲毫，即成無漏，表面上依舊是肉眼凡胎，精神境界卻有根本的區別。

〔5〕三類之身：指眞如法性自性身、自他平等受用身、度生成事變化身。《成唯識論》卷十：「以五法性攝三身者。有義初二攝自性身，經說眞如是法身故，論說轉去阿賴耶識得自性身，圓鏡智品，轉去藏識而證得故。中二智品攝受用身，說平等智，於純淨土爲諸菩薩現佛身故；說觀察智，大集會中說法斷疑，現自在故；說轉諸轉識得受用身故。後一智品攝變化身，說成事智，於十方土現無量種，難思化故。」

〔6〕打車不打牛：以牛拉車，車不動，只打車不趕牛，比喻沒有抓住根本。

〔7〕六識三品轉：指第六意識轉變爲妙觀察智的三個階段。

〔8〕分別種子、俱生種子：指受外緣影響而起分別的執著和與生俱來的習氣薰成的執著。《成唯識論》卷一：「諸我執略有二種：一者俱生，二者分別。俱生我執，無始時來虛妄薰習內因力故，恒與身俱，不待邪教及邪分別任運而轉，故名俱生。……分別我執亦由現在外緣力故，非與身俱，要待邪教及邪分別然後方起，故名分別，唯在第六意識中有。」

〔9〕七識三品轉：指末那識轉成平等性智需經歷上中下三個階段。

〔10〕唯識秘密法：指從秘密層面解讀唯識宗旨。

〔11〕八識三轉異名：指第八識轉爲大圓鏡不同階段的三個異名：由阿賴耶（藏識、有雜染，有學位）轉爲毗播伽（異熟識、菩薩位），再轉爲白淨（無垢識、如來位）。《成唯識論》卷三：「此等諸名通一切位，或名阿賴耶，攝藏一切雜染品法，令不失故，我見愛等執藏以爲自內我故，此名唯在異生有學，非無學位不退菩薩有雜染法；執藏義故，或名異熟識，能引生死、善不善業異熟果故，此名唯在異生二乘諸菩薩位，非如來地猶有異熟無記法故；或名無垢識，最極清淨，諸無漏法所依止故，此名唯在如來地有。」

〔12〕毗播伽識：梵語 vipa^ka-vijn~a^na。音譯毗播迦毗若南，指因果業報之主體，

為阿賴耶識之異稱。以阿賴耶識係由善惡業力所薰習，以業種子為增上緣，而招感異因、異時、異地而成熟的果報，故稱異熟識。

〔13〕第九識：指無垢識、本覺。《成唯識論》卷三：「無垢識，最極清淨，諸無漏法所依止故，此名唯在如來地有。」唐代新羅僧圓測（玄奘之徒）《解深密經疏》卷三以攝論宗真諦依世親門下唯識十大論師之一安慧之說，立阿摩羅識為第九識，稱：「第九阿摩羅識，此云無垢識，真如為體。於一真如有其二義：一者所緣之境，名為真如及實際等；二者能緣之義，名無垢識，亦名本覺。」

〔14〕四空天趣：四空指空無邊際地、識無邊際地、無所有處地、非非想處地，是超越人世間、生天的四種境界。

〔15〕淨行四品：淨行，指清淨修行。四品：或指以下四方面的加行。

〔16〕二位陞進：指第八識轉為大圓鏡智有兩個階段：第一，進入有漏位；第二，進入無漏位。《成唯識論》卷三：「第八識總有二位：一、有漏位，無記性攝，唯與觸等五法相應，但緣前說執受處境。二、無漏位，唯善性攝，與二十一心所相應，謂遍行、別境各五，善十一，與一切心恒相應故，常樂證智所觀境故，於所觀境恒印持故，於曾受境恒明記故。」

【今譯】

八識轉成四智次第

這是從漸修而悟的角度立論。如果從法相宗的真諦悟入，只有直接滅除第七識，其餘各識隨之轉化。法相宗顯標漸修，密示頓悟，只在當人自悟而已。

前五識的轉智是在佛果位一步完成的。變實在的外相為沒有永恒不變實體的空相，是與前五識同時產生的意識不再執著於我的空相觀的結果，雖前五識以前的認識主體、認識客體不立於前，仍然是第六識帶轉所致。前五識未能自得無漏真實智慧，不可說有根本的轉變。一直到佛果位，才證得外相皆空，無需觀照另外的轉變，分身變化，沒有漏失，前五識的業果也就轉為成所作智。這是因為前五識與第八識雖然都在果位時轉變，在原因層面無需下什麼工夫，第八識猶有一分澄清、穩定、擴充的工夫，可以說是無功之功。而前五識自見道位、修道位一直到等同妙覺階段，都不於此著意修證，不動絲毫，即成無漏失。所以說「如來佛也有凡夫肉眼」。第八識轉後，人還是舊時人，而法身、化身、變身三類分身自然變現。這就是大乘唯識宗師不同於

小乘守定五根門頭下折服死工夫，如同牛拉車不動，只趕車不打牛一樣愚昧，原因即在於此。

第六識轉妙觀察智分三個階段：第一階段，從資糧位入歡喜地、見道位，斷分別我執、法執所體現的無明煩惱，屬於斷上等的障礙。第二階段，從二地至第七遠行地修道階段，斷分別二執的中等障礙。由於未能恒常立足於我、法二空的觀點，與生俱來的我、法二障仍然不時而起，在現實中發生、顯現，第七階段後常在觀照之門，與生俱來的二種障礙永不顯現，故第三階段，斷除下等的障礙。第六識只要還有顯現，第七識就是他的種子，故此識只能改變其現實顯現，不能轉變其種子；也就是只能轉分別的種子，不能轉與生俱來的種子。從八地到妙覺階段，不再在此識修因、得果，故妙觀察智不再起作用。

第七識轉智分三個階段：第一階段，從初地、初發心起，因為第六識無漏智觀入見道位，為下品轉；第二階段，入第八不動地，我執永伏，法執偶而發起，污染之性已經空去，但其覆蓋真如的性質仍未泯除，仍然覺得有智可修，有佛可乘，為中品轉；第三階段，至等覺位，一剎那間，與生俱來的法執滅盡無餘，入佛果位，不妨仍示平等智中有其差別，以適應十地菩薩能夠接受之機宜，為上品轉。雖然分為三個階段，如果初發心時早就覺悟到此末那識為第八識流轉的根本，一刀斬斷，無需憑藉第六識的觀照法門漸次降伏，尤為唯識宗密示頓悟法的關鍵所在。

第八識轉大圓鏡智有三種不同名稱。初發心從凡夫至遠行地，第八識名阿賴耶識，中土譯為藏識，都是被第七識執著為自內於我之物，使其存放過去末那識所熏、陸續發生的種子，也貯藏現在前七識所顯現的我執、法執種子。到遠行階段，至第八不動地，第七識與之俱生的我執不再現起，第八識的束縛得到解放，不受拘染，不熏未來種子，而與第七識俱生的法執未泯除，執著此第八識有法可修、可證，這是無始以來傳下來的潛在種子，雖然現實中不再流行，並未消滅，累積成第八識中連帶一分依稀存在的影像，儲藏空間雖已捨除，而這些種子並未捨去，名叫毗播伽識，即異熟識；因伏果中，果位未圓滿，所轉的大圓鏡智變成有漏失之物。再到等同妙覺階段，剎那間，第七識轉盡，從此到未來，不再受一絲薰染，還與真如契合無間，名無垢識，也叫白淨識。《解深密經》立為第九識，實即第八識轉後的不同名稱罷了。第八識與第七識同時轉，沒有單獨自轉的道理，好比一束蘆葦杆交叉而轉，轉

入之工夫，全在第七識，有一分因，就獲一分果報，更無觀望等待之理。這是已得阿羅漢果位的修行人，不再憍疑放逸，墮入四空天然趣向中，而是繼續修持，成熟清淨梵行的四個方面，從而由有漏失提升到無漏的新高度。

【評析】

「八識轉四智次第」章，論八識轉為成所作智、妙觀察智、平等性智、大圓鏡智的先後順序。這四種智慧，有先後、淺深的區別。這是從漸教角度，為化導眾生而說的。如果從法相宗的真諦悟入，只有頓悟，其實漸頓全在各人自悟。此為船山對法相宗旨的創見。本來玄奘《成唯識論》卷十講二乘、菩薩等根機各不相同，所緣內外境有諸多差別，故有頓漸之分，船山則從說法的角度，揭示對唯識之理的覺悟有顯說、密示之別，這是一大創見。

前五識的轉智，是在佛果位一步完成的，所以叫前五識一品轉。由於前五識轉成所作智是隨第八識轉大圓鏡智而完成的，自己全不用修證，所以，前五識之轉智，表面看來與原來沒有多大差別，所謂「如來也有肉眼」是也。

打車不打牛，比喻未抓到根本。這是比喻小乘未抓住斷絕第七識的根本，直接在斷前五識或意識上下工夫，如同打車不打牛一樣愚昧。

第六識轉智分三個階段：從資糧位入見道位，斷上品障；從二地至第七遠行地，斷中品障；從七地（原文「七位」，疑為「七地」之誤）斷下品障。八地以上，第六識已轉盡，故無妙觀察智。第七識轉平等性智需經歷三個階段：從初地見道位，為下品轉；進入第八不動地，為中品轉；至等覺位佛果位，為上品轉。如果從頓悟解相宗，則一刀斬斷末那即可。

第八識轉大圓鏡智之後，有三個不同名稱，從凡夫至遠行地，名阿賴耶、藏識；從遠行地至第八不動地，名毗播伽，即異熟識；至等覺位一剎那間，七識轉盡，八識恢復其真如本性，名無垢、白淨識。第八識轉為大圓鏡智，轉入之功，全在第七識。

尤可注意者，第八識三名既相統一，又有其差異：阿賴耶、藏識作為認識本體，藏有染淨種子，在第一層次；異熟識作為歷史傳承，屬於新熏的種子，在第二層次；清淨自性的白淨識，是佛果位，如來如去，最自在，在最高層次。第八識的涵義，從認識本體、淨染種子，到清淨本性、真如覺性，心識的內涵由此得到最圓滿的詮釋。

【原文 26】

四加行 [1]

此位未證唯識，乃二乘進道之階基 [2]。二品通四，前二因，後二果。

一「暖」[3]　用智慧火，燒煩惱薪，薪不盡，火必不斷，常令溫暖，不受業風陰暗逼惱，身心喜悅和暢。

二「忍」[4]　於一切淨行、難行、難忍者，不怖不憂、不憚不退，如法修習，忍受擔荷。

三「頂」[5]　暖品既熟，一切煩惱盡皆退伏，超出濁欲界中，終不墮陷。

四「世第一」[6]　修習忍行已熟，於精進勇猛成殊勝淨行，世所稀有。

此四位於阿羅漢果中，勤行不怠，不貪天樂 [7]，乃得不入四空界地，但猶於根門修習，未證唯識，滅七淨八，故頂者，不脫身中之頂；世第一者，於俗第一，未離三界。特其精進既熟，自然一旦能發大心 [8]，入三資糧位 [9]。

【注釋】

〔1〕四加行：即從明察空有的火候（暖）、意志力（忍）、出離心（頂）、精進（世第一）四方面助益根本修持的法門。《成唯識論》卷七：「加行位，謂暖、頂、忍、世第一法，近能引發根本位故。」

〔2〕二乘進道之階基：指小乘修持阿羅漢果的進階基礎。

〔3〕暖：指明察空有的能力和火候。《成唯識論》卷九：「謂此位中創觀所取名等四法，皆自心變假施設有，實不可得，初獲慧日前行相故，立明得名，即此所獲道火前相故，亦名暖。」

〔4〕忍：指順從、忍受、擔當、把握的能力、意志力。《成唯識論》卷九：「依印順定發下如實智，於無所取決定印持，無能取中亦順樂忍；既無實境，離能取識，寧有實識；離所取境，所取、能取相待立故，印順忍時總立為忍。印前順後立印順名，忍境識空故亦名忍。」

〔5〕頂：指超越於能取與所取、得與失的能力及其境界。《成唯識論》卷九：「依明增定發上尋思，觀無所取，立為頂位。謂此位中重觀所取名等四法，皆自心變，假施設有，實不可得，明相轉盛，故名明增，尋思位極，故復名頂。」

〔6〕世第一：指精進修持達到極致的程度。《成唯識論》卷九：「依無間定，發上

如實智，印二取空，立世第一法。謂前上忍唯印能取空。今世第一法，二空雙印，從此無間，必入見道，故立無間名。異生法中此最勝故，名世第一法。」

〔7〕天樂：指修行者入見道位、超越世間的殊勝境界和感受。但四加行階段尚未達到此境界。《成唯識論》卷九：「菩薩起此暖等善根，雖方便時通諸靜慮，而依第四方得成滿，託最勝依入見道故。唯依欲界善趣身起，餘慧厭心非殊勝故。此位亦是解行地攝，未證唯識真勝義故。」

〔8〕發大心：指追求無上覺悟的決心、毅力和功力。《成唯識論》卷九：「從發深固大心，乃至未起順決擇識，求住唯識真勝義性，齊此皆是資糧位攝。為趣無上正等菩提，修習種種勝資糧故，為有情故勤求解脫，由此亦名順解脫分。」

〔9〕入三資糧位：指進入見道位前所準備的福德、智慧方面的條件，即六度。《成唯識論》卷九：「菩薩先於初無數劫善備福德、智慧資糧，順解脫分既圓滿已，為入見道住唯識性，復修加行伏除二取。」

【今譯】

加行修持的四方面

此階段尚未證入唯識根本道理，是小乘行人準備進入正位時的階梯。共分兩層次，關聯四方面（暖、忍、頂、世第一）。前兩個方面屬原因，後兩個方面屬結果。

一、暖（火候、熱情）：是用智慧的火，來燒煩惱的柴，柴不盡，火就不斷；燒毀煩惱的火候要常溫不斷，不受陰暗的業風催逼，時常保持身心喜悅和暢。

二、忍（忍受、忍耐力、意志力）：對於一切清淨梵行、難行、難於忍耐之事，不要恐怖、擔憂，不要望而生畏，半途而廢；要如法修持、堅毅忍受，敢於承擔。

三、頂（出離、超出）：熱情、火候既已成熟，一切煩惱都退避馴服，為超出濁欲界之中，繼續努力，終不陷墮。

四、世第一（殊勝超越）：修習忍辱梵行已日益成熟，更加精進、勇猛，進入無漏智的殊勝超越境地，世所罕見。

精進修行的四方面，在向阿羅漢果挺進中，奮鬥不息，不貪圖超昇天界之樂，故能不入空無邊、識無邊、無所有處、非非有處，仍在根器上繼續努力，故未能進入滅去七識、還復清淨八識，證悟到一切唯識的境界，雖出離到頂點，仍不脫離自身；雖在世上罕有，俗稱第一，仍未脫離三界；正由於

此，方能繼續精進不止，日臻成熟，一旦立無上覺悟的超越志向，就能步入三資糧位乃至更高境界。

【評析】

「四加行」章　為準備入正位加倍努力修行的階梯、津梁。唯識五位中第二為加行位，有暖、忍、頂、世第一四種，叫四加行。四加行分為兩類，適宜的火候、堅忍的意志為因，出離和超越為果。王恩洋認為頂、忍二位前後顛倒了，應把頂放在忍的前面。此說是，可參考。《成唯識論》卷九正作「暖、頂、忍、世第一」；以火候、出離、堅忍、超越四階位為序。

暖，指努力修行必須保持足夠的溫度、熱情，使智慧之爐火越燒越旺，燒盡煩惱。這就需要智慧之火，且不斷加溫。

頂，為出離三界之位，超出濁欲界之中，加倍努力，終不墮陷。

忍，即忍受、忍耐力、意志力。要遇難而進，不是望而生畏，半途而廢。

世第一，為超越世俗的極致，於世俗為第一，是由有漏智進入無漏智。

四加行位，特別是進入「世第一」位，入阿羅漢果中，是小乘極悟之位，但仍未離三界，需繼續努力，方能進入更高境界。王恩洋認為：「文末說四加行進入三資糧位，忍、頂位次顛倒」、「資糧、加行位次顛倒」，「四加行位住資糧位後，通達位前，由資糧起加行，由加行入見道，船山弄錯位次。」王說可從。由暖而頂，達到出離；再由忍耐繼續修持，臻於極致；二資糧位是於無數劫準備福德、智慧資糧，由資糧、加行，而見道、通達，前後因果分明，陞進的邏輯性強，《成唯識論》卷九正持此說。但按照船山的看法，加行位是「於根門修習」，而且也是「見道之資糧」，下文資糧三位「於六識用功，淨其現行，未證七八還滅境界」，由加行而見道，也可以由加行、資糧而見道，且依《成唯識論》卷九：「諸菩薩於識相性資糧位中能深信解，在加行位能漸伏除所取、能取引發真見。」「信解」在「行證」之前，也貫穿於「行證」過程中，故資糧位不一定只能放在加行之前，船山之說亦有一定道理。

【原文 27】

資糧三位 [1]

此三位俱於六識用功，淨其現行，未證七八還滅境界。資糧三位，凡三十品。

「十住」〔2〕　始捨二乘根門之學，住菩薩道〔3〕中。

「十行」〔4〕　捨二乘獨覺行，行菩薩行。

「十迴向」〔5〕　以十行迴向真如，發廣大願，得廣大心，超彼根門，證知人法二空，在此一位疾入初地。

資糧者，見道之資糧。此大心阿羅漢至頂、世第一位，功熟慧生，發廣大心，捨其已證之果，依菩薩道，雖未即證知，而如法修行，皆出離分別二障〔6〕之實法。如人行路，行至方知；不爾，但從人間，未能悉彼程途曲折境界。故從十住進十行、十迴向，修習圓滿，得登初地，入見道位，與所住、所行、所迴向一一印合雙空至理〔7〕。

十住者，以方便三昧〔8〕，無沉掉心〔9〕，現自體無生滅智慧〔10〕，住於真如圓性之中，不以生滅心為其信解。此位初捨二乘自守根門之愚，如人捨其卑陋之居，從大宅中安心而住。

一「初發心住」〔11〕。從二乘見佛威神而發，依菩薩道住。

二「治地住」〔12〕。初捨二乘深重我執，發哀憫眾生欲度之心，而安住之莊嚴佛土。

三「修行住」〔13〕。觀前諸法皆非堅實，而欲修妙淨之行，常住不倦。

四「生貴住」〔14〕。於諸佛至教深生淨信，如託生佛家，不墮下品。

五「具足方便住」〔15〕。凡所修行，皆悉護念眾生，觀知眾生無邊境界，樂住其中。

六「正心住」〔16〕。一心依佛，於諸讚毀心皆不動。

七「不退住」〔17〕。不因佛難出世、佛法難學而生退轉，久住不離。

八「童真住」〔18〕。身語意三業，長淨無失，全童真性。

九「法王子住」〔19〕。觀察審知眾生煩惱習氣，知所調護，可以代佛說法，無所疑怯。

十「灌頂住」〔20〕。為佛乘甘雨灌注，智光加被世界眾生，通體明瞭。（自注：十品中有初終次序，漸進至十。）

十住，初住佛乘。十行，則捨根身而以智慧通行菩提道中，具知佛所恒行，即如法行之，無有疑礙。如住大宅已定，知彼室中所有壁宇應當修治，所有器具應當足用，以十波羅密〔21〕為其實行。

一「歡喜行」〔22〕。行檀波羅密〔23〕，具足喜捨。

二「饒益行」〔24〕。行戒波羅密〔25〕，饒益淨行。

三「無違逆行」[26]。行忍辱波羅密[27]，順受有情。

四「無屈撓行」[28]。行精進波羅密[29]，不生怯退。

五「無癡亂行」[30]。行禪波羅密[31]，澄定不惑。

六「善現行」[32]。行般若波羅密[33]，空智現前。

七「無著行」[34]。行方便波羅密[35]，無所執著。

八「難得行」[36]。行願波羅密[37]，發廣大心。

九「善法行」[38]。行力波羅密[39]，護持正法。

十「眞實行」[40]。行智波羅密[41]，如法實知。（自注：十品同時並修，無有漸次。）

〔十迴向〕[註1]

於一切住、一切行，皆迴念所發大願深心，不求別福及餘善果，但用修所應修，覺所應覺，趨入佛位，利益眾生。至此體道功用將次圓足，分別我法二執以廣大資糧厭伏不起，於佛境界親所歷證，功不淆訛，一登初地，見道圓滿。

一「救護一切眾生離眾生相迴向」[42]。求證人空。

二「等不壞迴向」[43]。一切平等不壞世法，求證法空。

三「等一切諸佛迴向」[44]。求證法空。

四「至一切處迴向」[45]。求證人空。一切處，三界九地。

五「無盡功德藏迴向」[46]。不以現得功德而自厭足，求證法空。

六「入一切平等善根迴向」[47]。求證法空。

七「隨順眾生迴向」[48]。求證人空。

八「眞如迴向」[49]。捨智[註2]求智，求證法空。

九「無縛無著解脫迴向」[50]。求證法空。

十「入法界無量迴向」[51]。求證人法雙空，出離分別二障。（自注：十品一心漸攝，無分別漸次。）

【注釋】

〔1〕資糧三位：指見道以前所準備的三方面條件：追求正確的目標、行為規範和人、法雙空的證悟。

〔註1〕此三字原脫，據文意補。

〔註2〕前「智」當作「知」，或作「執」。

〔2〕十住：以十種無生滅的智慧，安住於菩薩道中。

〔3〕菩薩道：以布施、持戒、忍辱、精進、禪定、般若等行為規範付之實際行動。《成唯識論》卷九：「施等三增上生道，感大財體及眷屬故；精進等三決定勝道，能伏煩惱，成熟有情及佛法故。諸菩薩道唯有此二。」

〔4〕十行：或稱十勝行，指捨除對身心的執著，以布施、持戒、禪定、般若等十種智慧行於菩薩道中。《成唯識論》卷九：「十勝行者即是十種波羅蜜多。……此十性者，施以無貪及彼所起三業為性；戒以受學菩薩戒時三業為性；忍以無瞋精進審慧及彼所起三業為性；精進以勤及彼所起三業為性；靜慮但以等持為性。後五皆以擇法為性，說是根本後得智故。」

〔5〕十迴向：指一切修持成果、功德都奉獻給自覺覺他的事業。《成唯識論》卷九：「迴向最勝，謂要迴向無上菩提。」

〔6〕分別二障：指因分別而起的煩惱、所知二種障礙。《成唯識論》卷九：「二障分別起者，見所斷攝；任運起者，修所斷攝。二乘但能斷煩惱障，菩薩俱斷，永斷二種唯聖道。」

〔7〕雙空至理：雙空又名二空，指對認識主體、客體（人我、法我）都不執著的唯識學根本道理。《成唯識論》卷九：「為開示謬執我法迷唯識者，令達二空，於唯識理如實知故。」

〔8〕方便三昧：指幫助、成就布施、持戒、忍辱、精進、靜慮和般若等各種無生滅的方法和智慧。《成唯識論》卷九：「方便善巧有二種，謂迴向方便善巧、拔濟方便善巧。」「方便善巧助施等三願，助精進力，助靜慮智，助般若令修滿故，如《解深密》廣說應知。」

〔9〕沉掉心：昏沉指無確定性、把握性。掉舉指躁動不安。《成唯識論》卷四：「煩惱起位若無惛沉，應不定有，無堪任性。掉舉若無，應無囂動，便如善等非染污位。」

〔10〕無生滅智慧：指無生無滅、超越生死、內心平靜安穩的智慧。《成唯識論》卷十：「佛身中十八界等皆悉具足，而純無漏。此轉依果又不思議，超過尋思言議道故，微妙甚深自內證故，非諸世間喻所喻故。此又是善白法性故，清淨法界遠離生滅，極安隱故。」

〔11〕初發心住：指最初發心時即安住於菩薩道。

〔12〕治地住：指破除我執，安住於莊嚴佛土之中。

〔13〕修行住：指安住於清修梵行而不倦。

〔14〕生貴住：指按照佛陀教誨修行，生於尊貴、上乘果位。

〔15〕具足方便住：指以種種方便方式護念眾生。

〔16〕正心住：指依於佛的正覺，不爲毀譽、是非所動搖。

〔17〕不退住：不因眾生難度、佛法難求、清修難行而退縮不前。

〔18〕童眞住：修清淨梵行，永葆天眞無邪本性。

〔19〕法王子住：代佛弘法、化導眾生而無所疑懼。

〔20〕灌頂住：得佛加持、智慧明瞭而普度眾生。

〔21〕十波羅密：又稱十勝行，即十種普度眾生到達彼岸的方便法門。《成唯識論》
　　　卷九：「十勝行者，即是十種波羅蜜多。……雖十地行有無量門，而皆攝在十
　　　到彼岸。」

〔22〕歡喜行：即通過財、法、勇氣的施捨給人歡喜。

〔23〕檀波羅密：即普遍布施、給予資財、善法、勇氣的智慧。《成唯識論》卷九：「施
　　　有三種，謂財施、無畏施、法施。」

〔24〕饒益行：即恪守戒律，饒益眾生。

〔25〕戒波羅密：即嚴持戒律，普度眾生到彼岸的智慧、法門。《成唯識論》卷九：「戒
　　　有三種，謂律儀戒、攝善法戒、饒益有情戒。」

〔26〕無違逆行：指隨順眾生的忍辱智慧。

〔27〕忍辱波羅密：指能耐苦、忍辱、精審體味痛苦根源的智慧。《成唯識論》卷九：
　　　「忍有二種，謂耐怨害忍、安受苦忍、諦察法忍。」

〔28〕無屈撓行：指不屈不撓的堅定意志。

〔29〕精進波羅密：即精進防護、尚德、利他的智慧。《成唯識論》卷九：「精進有三
　　　種，謂被甲精進、攝善精進、利樂精進。」

〔30〕無癡亂行：即行爲、思慮專一、不散亂。

〔31〕禪波羅密：指安心、靜慮、辦事專一的法門。《成唯識論》卷九：「靜慮有三種，
　　　謂安住靜慮、引發靜慮、辦事靜慮。」

〔32〕善現行：指展現般若智慧的行爲。

〔33〕般若波羅密：指對世間一切不執著、行於中道的辯證思維和智慧。《成唯識論》
　　　卷九：「般若有三種，謂生空無分別慧、法空無分別慧、俱空無分別慧。」

〔34〕無著行：以種種方便方法度生而無所執著。

〔35〕方便波羅密：以種種方便度眾生到彼岸。《成唯識論》卷九：「方便善巧有二種，
　　　謂迴向方便善巧、拔濟方便善巧。」

〔36〕難得行：指發大願利樂眾生，難行能行。

〔37〕願波羅密：指發願上求菩提覺悟，下利眾生。《成唯識論》卷九：「願有二種，謂求菩提願、利樂他願。」

〔38〕善法行：指大力護持正法。

〔39〕力波羅密：即發揮抉擇、修習的大力護法度生。《成唯識論》卷九：「力有二種，謂思擇力、修習力。」

〔40〕眞實行：如法眞實修行。

〔41〕智波羅密：指使眾生得到眞實法樂、切實受用的智慧。《成唯識論》卷九：「智有二種，謂受用法樂智、成熟有情智。」

〔42〕救護一切眾生離眾生相迴向：指救護、幫助、奉獻眾生的一切追求。

〔43〕等不壞迴向：指對平等的追求、求證和奉獻；

〔44〕等一切諸佛迴向：指對成佛的追求和證悟；

〔45〕至一切處迴向：在三界九地都堅持自己的追求和奉獻；

〔46〕無盡功德藏迴向：對於度生功德的不倦追求；

〔47〕入一切平等善根迴向：對於眾生平等相待；

〔48〕隨順眾生迴向：隨順眾生的不同性向因勢利導；

〔49〕眞如迴向：對知識轉爲智慧、契入實相的追求和證悟；

〔50〕無縛無著解脫迴向：對於解脫的不懈追求；

〔51〕入法界無量迴向：對進入一切法界度生的無限悲心、追求和奉獻。

【今譯】

資助見道的三個階位

這三個階位，都是在第六意識用功，以善根福德、智慧資糧淨化自己的意識、行爲，尚未證入第七、第八識還滅的境界。這三階位即十住、十行、十迴向，共有三十個品目。十住，即開始超越小乘於根身著力的局限，住於菩薩道的眞如實性中。十行，即超越小乘自度的局限，以智慧度他的菩薩行。十迴向，即迴心向大，發大誓願，超脫根身的局限，證人法雙空，由此疾入見道位的初階。

十住、十行，十迴向，都是爲進入見道位準備資糧。這是有大志的阿羅漢修行到頂高的位階、超越世俗局限，工夫成熟，智慧產生，立下廣大心願，跨越已證的成果，雖然未即證入，仍然堅持依據菩薩道，如實修持出離分別煩惱、所知障的方法，如同人們走路，不到目的地決不罷休。不然的話，即

使向旁人問路問得再多，仍然無法領略沿途曲折境界。所以從十住進入十行，再進入十迴向，修習圓滿，才能登上初地的階段，進入見道位，使所有安住、踐行和迴向都一一符合人法雙空的根本道理。

十住，就是以方便善巧，去掉昏沉、躁動的心，展現自身無生無滅、超越生死的智慧，安住於圓滿、自在的涅槃眞性中，而不是以生死輪迴爲信樂和理解的依據。此位剛剛捨除小乘死守六根門頭的愚蠢做法，如同人們從低矮的茅棚搬進大樓深院，於此安心長住。

第一，初發心住，即從小乘境界超越出來，見到佛的威神，由此出發，發誓住於菩薩道之中。第二，住於心的明淨處所，此爲捨除小乘深重的對自我的執著，發哀憫普度眾生之心，安住於莊嚴淨土。第三，安住於妙淨修行，即靜觀諸法不實的實相，修妙淨之行而不倦。第四，安住尊貴住所，生起對佛至教的篤信，如同託生佛家，不墮落於卑劣之處。第五，於具足一切方便處所而安住，凡所修行都自利利他，護念眾生，觀知眾生的各種境界，樂觀其成。第六，正心安住，即一心皈依佛，不爲一切毀譽、是非所動，堅定不移。第七，安住而不退縮，不因佛道難成、佛法難學而退轉，而是經久不息，與時俱進。第八，永葆童眞天性，使身、口、意三業保持清淨本性。第九，住於法王代代相承之地，觀察眾生煩惱習氣，長養聖胎，成熟而代佛說法，無所疑惑、怯弱。第十，灌頂住，受佛乘雨露澆灌，智光普照加被眾生，精通明瞭。

（船山自注說：這十品有先後次序，由淺入深，循序漸進。）

十行，十住爲初住佛乘的思想、心理準備，十行則不再局限於根身的修行，而是以智慧付之行動，即實修度眾生到彼岸的十種波羅密，無任何掛礙，如同安住高樓深院，身心安定，知道所住的地方什麼應當修治，哪些器具可以具足運用。第一，歡喜行，以布施眾生的妙德行於四方，給人歡喜。第二，饒益行，以清淨持戒普度一切眾生，饒益眾生。第三，無違逆行，以耐苦、忍辱、精審體味痛苦根源的智慧，自覺、覺他而不違逆。第四，無屈撓行，在困難面前不退卻、不屈服，精進前行。第五，無癡亂行，安心、靜慮，心神澄定、專一，不受迷惑。第六、善現行，以展現般若智慧的行爲，普度眾生到達彼岸。第七，無著行，以方便善巧度眾而無所執著。第八，難行能行，發廣大誓願心，上求菩提覺悟，下利益眾生。第九，善法行，發揮抉擇、修習的大力護持正法。第十，眞實行，顯現眞如實性，使眾生得到眞實法樂、

切實受用。（船山自注：此十行同時並修，不分先後。）

十迴向，即發大誓願，一切發心修行以追求覺悟、利益眾生爲內容和目的，不另求其它的福德和善的果報。第一，救護一切眾生離眾生相，著重證悟「人空」——沒有永恒不變的自我。第二，等不壞迴向，即超越生滅、世間出世間，達到無生滅的目的，以證悟「萬法皆空」——世界都是發展變化的。第三，等一切諸佛迴向，求證諸佛平等，萬法皆空。第四，至一切處迴向，在三界九地都求證人空。第五，無盡功德藏迴向，不滿足於現有功德，而要追求無量功德，證得法空。第六，入一切平等善根迴向，對於一切眾生都平等對待，求證法空。第七，隨順眾生迴向，順應眾生的不同根機，使皆解脫，以證人空。第八，眞如迴向，捨棄人我雙執，求證眞如本性，證法空。第九，無縛無著解脫迴向，解除一切煩惱的束縛，證法空。第十，入法界無量迴向，進入一切法界度生，求證眞如實性，證人法雙空。（自注：此十迴向均爲一個目標，所以不分先後）

【評析】

「資糧三位」章　即以福德、智慧資助自身趨於證悟的果位，是從信仰、理解、修行、證悟四方面成就菩薩行的必由之路。其關鍵在於淨六識之現行，尚未證得第七八識還滅境界。十住、十行、十迴向共三十品。十住，即住於菩薩道眞如實性；十行，即以智慧行菩薩道；十迴向，即發大誓願，超脫根門，證人法雙空，疾入見道位；都是爲進入見道位準備充足的資糧。

涅槃的眞理是無生滅、超越生死的，有生滅則煩惱不斷。故十住，即不以生滅心爲其信樂與理解（信，解），而是以無生滅的智慧安住於菩薩道中。（一）發大願住菩薩道之中。（二）發心哀憫、普度眾生，住於明淨處所。（三）修妙淨之行而不倦。（四）生起對佛至教淨信並與之感通。（五）護念眾生，具足方便。（六）一心依佛，堅定不移。（七）不知難而退，而是與時俱進。（八）保持童眞本性。（九）長養聖胎，代佛說法。（十）受佛乘雨露澆灌，智光普照，堪行佛事。這十品有先後次序，由淺入深，循序漸進，是住於菩薩道的十種必要思想、心理準備。

十行，即以十種波羅密普度眾生的菩薩大行。（一）以布施給人歡喜。（二）以持戒利益眾生。（三）以忍辱自覺、覺他。（四）在困難面前永不退卻、屈服。（五）以禪定澄定心神，不受迷惑。（六）以般若智慧到彼岸。（七）

以方便善巧度生而無所執著。（八）發廣大誓願，知難而進。（九）以大力護持正法。（十）使眾生得眞實法樂、切實受用，以彰顯眞如實性。

十迴向，即發大誓願所要達到的目的，回答修證、覺悟佛性、利益眾生的問題。（一）救護一切眾生離眾生相，以證「人空」。（二）一切平等、無生滅，證「萬法皆空」。（三）證諸佛平等。（四）在三界九地求證人空。（五）以無盡功德證法空。（六）於一切平等善根求證法空。（七）隨順眾生的不同情況使皆解脫。（八）捨棄人我雙執，契入眞如本性。（九）解除一切煩惱的束縛，證法空。（十）入法界證眞如實性而無止境，證人法雙空。此十迴向均爲一個目標，所以不分先後。

（十）成就理想人格

　　轉識成智必須從見道、修道到佛果位才能完成；此時所作所爲皆證妙果，在識名爲白淨，在智名爲圓鏡，前七絲毫不存，第八自然還元，前五自然圓通，等覺道成，佛果即得。轉識成智，返迷爲覺，即回歸清淨本性，平等普度有情，妙觀諸法實相，成辦利他事業，也就是成就願力大、見地眞、修行切，世出世間圓融的理想人格。

【原文 28】

十地

　　自地前至初地爲見道位，二地至七地爲修道位〔1〕，六識、七識轉盡。七識初地轉起，與八識、前五，佛果位方轉盡。

　　一「歡喜地〔2〕」　從地前一資糧位如法修習，親歷親證，忽爾得廣大心，灼知分別二執之我見、法見，皆與自性了不相關，頓然捨盡，見道位中功已圓滿，識得大自在，生大歡喜，於雙空觀中，意識發現無漏智觀，乃六識轉成妙觀察智〔3〕之始也。七識因六識後念增長二執者，亦因六識妙觀之力，現行不起，不復增長昏迷，得現行平等。唯除自類末那種子未淨，故此地於八識全不相應，前五亦不受轉。

　　二「離垢地」〔4〕　初地於見道位中功已圓滿，而俱生二障伏八識種子中，成七識現行，非見所能摧伏，以見從六識觀起，仍用八識流注見分，不與八識相應故。菩薩進此地時，行起解滅〔5〕，入修道位，勤修戒定慧三品。雖此三品二乘於根門亦嘗修習，而此地分別執滅，則原是舊時人，不

是舊時行履處。此地以純淨心具足菩薩圓滿妙戒，遠離塵垢，無不嚴淨。

三「發光地」〔5〕　此地以純淨心入最勝定，總持〔諸法〕〔註 1〕一切清淨妙湛之理，定中顯現。

四「焰慧地」〔6〕　此地以純淨心證菩提法，智火焰生，燒盡煩惱，燭破無明，永離暗蔽。此三地戒定慧一時同證，而由戒得定，由定得慧，有陞進機。

五「難勝地」〔7〕　此後三地，乃前三地戒定慧增長圓滿所登。難勝者，淨戒圓滿，無所揀擇，於真俗二諦行相相違皆悉融通，入纏〔8〕不怖，一切世出世間無能勝者。

六「現前地」〔9〕　印合無為真如，無境不定，隨所安住，菩提妙法無不現前，無入定、住定、出定差別相。此諸位中增一分進修，則滅一分習氣，所謂「六七俱生地地除」〔10〕也。

七「遠行地」〔11〕　充滿慧體，盡法界際皆其智量所攝，雙空常在，不立入觀、出觀有間斷法。修道位中功已圓滿，至此捨分別意識而行別路，脫盡情想，全不依根發識，生有漏心。此妙觀察智之極境，六識轉智之勝果盡於此矣。此上第六識智雙遣，專於意不起遍行處淨七、八二識。

八「不動地」〔12〕　見、修二位功俱圓滿，至此無見無修，於不作意中妙凝智體，不復〔註 2〕餘有俱生我執得相惱亂。七識已淨，八識無〔註 3〕有我愛執之為藏者，遂捨藏名。蓋初地以六識淨七識故，但伏現行，不伏種子。八地不假六識觀門，直從七識淨其根本，乃與俱生二惑相應對治，除一分七識，即淨一分八識，乃七識因窮八識果，淨之始也。

九「善慧地」〔13〕　藏識既捨，廓然無我，得大神力，轉諸根身器界，皆成般若智體，淨諸生法執中一分粗障，永除帶質境惑〔14〕。

十「法雲地」〔15〕　大智充滿，如雲集空，一切諸法悉受總持，無有一法而不在其智中者，將降法雨，加被法界。若大用流行，則俱生二執俱捨。但在靜函妙法之際，法見獨存，亦是無始以來熏成種子所持，如鏡外遠影，不即不離，則是俱生一分微細對影之障，未能消隕。以故前五勝果未得分身無漏，息法界苦輪，法猶在自而不在他也。從此以上，法雲久滿，

〔註 1〕「諸法」原脫，據下文「一切諸法悉受總持」補。
〔註 2〕「復」字原為空格，據上下文補。
〔註 3〕「無」字原為空格，據文意補。

靈雨忽飛，至等覺位，一剎那頃脫盡無始以來異熟種果中一分法相，相分融化，見分自無，自證分無可證，乃得還其真如本體，成白淨識。前五分日〔註4〕無量，所作所為〔註5〕皆證妙果，在識名為白淨，盡脫七六前五之〔註6〕名，在智名為圓鏡，亦無觀察、平等之異。前七絲毫不存，第八自然還元，前五自然圓通，等覺道成，佛果即得矣。

【注釋】

〔1〕修道位：又名修習位，即修習菩薩道的階段。《成唯識論》卷十：「修習轉，謂修習位，由數修習十地行故，漸斷俱生二障粗重，漸次證得真實轉依。」

〔2〕歡喜地：又作極喜地，指第六識轉為妙觀察智之始的身心愉悅狀態。《成唯識論》卷九：「菩薩得此二見道時，生如來家，住極喜地，善達法界得諸平等，常生諸佛大集會中，於多百門已得自在，自知不久證大菩提，能盡未來利樂一切。」

〔3〕妙觀察智：即善妙觀察諸法實相及其功德、作用，斷一切疑惑，獲得利益的智慧。

〔4〕離垢地：指進入修道位後離開污垢、煩惱，戒律清淨的精神面貌。《成唯識論》卷九：「離垢地，具淨尸羅，遠離能起微細毀犯煩惱垢故。」

〔5〕行起解滅：行，指運用、作用；解，指對法義、名相有分別的理解。這裡意為見道位後，清淨之行已脫離有分別的知解。船山《思問錄・內篇》：「佛老之初，皆立體而廢用；用既廢，則體亦無實。故其既也，體不立而一因乎用，莊生所謂『寓諸庸』，釋氏所謂『行起解滅』是也。」

〔6〕發光地：即入於禪定，清淨深妙之理顯現於前，迸發智慧之光。《成唯識論》卷九：「發光地，成就勝定大法總持，能發無邊妙慧光故。」

〔6〕焰慧地：指以純淨心證得菩提妙覺，發出智慧光焰，燒盡煩惱，照破無明。《成唯識論》卷九：「焰慧地，安住最勝菩提分法，燒煩惱薪，慧焰增故。」

〔7〕難勝地：又稱極難勝地，對於真俗智慧圓融相應，所向無敵。《成唯識論》卷九：「極難勝地，真俗兩智行相互違，合令相應，極難勝故。」

〔8〕入纏：纏，指煩惱纏縛。入纏，即入於煩惱世間。《成唯識論》卷二：「眾生心

〔註4〕原注：「分日」二字義未詳；據上文（「分身無漏」），或是「分身」二字。
〔註5〕「為」字原為空格，據文意補。
〔註6〕「之」字原文空格，據文意補。

性二分合成，若內若外皆有所取、能取纏縛。」

〔9〕現前地：指與無爲眞如緊密契合，菩提妙法現前之地。《成唯識論》卷九：「現前地，住緣起智引無分別最勝般若，令現前故。」

〔10〕六七俱生地地除：即第六、第七相應的俱生法執，在前進的每一階段中雖已漸伏，但眞正令其永伏，不再發生現行作用，要到第八地金剛無間道時，亦即在成無上正覺之時。

〔11〕遠行地：指修道功行圓滿，可以遠行進入等覺位。《成唯識論》卷九：「遠行地，至無相住功用後邊，出過世間二乘道故。」

〔12〕不動地：修行功行已滿，處於無分別、任何煩惱不能動搖的狀態。《成唯識論》卷九：「不動地，無分別智任運相續相用，煩惱不能動故。」

〔13〕善慧地：指轉根身器界成般若善慧之地，七識俱生我執、法執除淨，遍十方善於說法。《成唯識論》卷九：「善慧地，成就微妙四無閡解，能遍十方善說法故。」

〔14〕帶質境惑：指認識中所顯現的摻雜眞假的一種境界。

〔15〕法雲地：指大智充滿，法雨遍灑，結圓滿佛果的境界。《成唯識論》卷九：「法雲地，大法智雲含眾德水，蔽一切如空，粗重充滿法身故。」

【今譯】

菩薩修證的十個階段

自準備福慧資糧開始，至初入道階段，爲見道位；從第二階段至遠行等覺位的第七階段爲修道位，此時，第六、七識轉盡，第七識從初地開始轉，與第八識、前五識一起，至佛果位才轉盡。

第一，歡喜階段。從始準備資糧起，如法修習，親自證悟，豁然之間，立下大志，頓悟分別二執的見解都與自性了不相關，斷然盡捨，雖在見道位中功已圓滿，得大自在，生大歡喜，在證人空、法空中展現無漏妙觀，這就是第六識轉爲妙觀察智的起始。第七識因第六識後念而增長的我執、法執，也因妙觀察的覺照力不再現起、增長昏迷，而展現現實平等性，唯有自類種子未能除盡，所以這一階段與八識全不相應，前五識也不會得到改變。

第二，遠離煩惱污垢階段。初地在見道位中功已圓滿，而俱生我執、法執的種子仍然藏伏在第八識中，在第七識中現實顯現，不是觀想、見解所能摧伏的。這是因爲意識、見解是從第六識觀想、思慮開始，仍然用第八識貫徹於認識活動中，不能與八識轉識成智相應的緣故。菩薩進此地，所作所爲

都脫離有分別的知解，勤修戒、定、慧，在原來五識於根身修習的基礎上，逐步滅除分別執，這樣，原來的面貌就進一步改觀，初看還是舊時人，行履已大大不同前。所以，此階段以清淨心具足菩薩戒的妙行，戒律嚴淨，已遠離塵垢的污染。

第三，迸發智慧之光階段。此時入於深度禪定，能總體把握一切清淨深妙之理，清晰顯現，並迸發出智慧之光。

第四，智慧烈焰升騰階段。此階段以純淨心修證覺照，智慧產生，燒盡煩惱，脫離業障之覆蔽。以上三地戒、定、慧一起同證，步步深入，由淺入深，由持戒得禪定，由禪定得智慧，境界不斷得到提升。

第五，難以戰勝階段。即處於淨戒圓滿，無所分別、揀擇，對於真與俗、出世間與世間真理的相違、不協調，都能予以圓通，入於煩惱世間而無所畏懼，在世出世間都所向無敵。這是從前三地修戒、定、慧的基礎上更進一步，功行更為圓滿的結果。

第六，善妙現前階段。即與無為真如合若符契，隨不同處境，都能安心而住，菩提妙法無不在面前展現。此時已無入定、住定、出定之分別，隨著修行的增進，舊習氣逐步滅去，所謂「六識、七識俱生習氣，一分一分被滅除」是也。

第四，遠行等覺位階段。指充滿智慧之體，一切法界都在智量所統攝中，人法雙空常在，無入觀、出觀的區別和間斷。修道功已圓滿，至此可以捨除分別意識而進入別樣的境界，脫盡情感、意欲的羈絆，全不依憑根身發起有漏失的心意識，進入妙觀察智的極佳境界，意識轉為智慧的碩果盡顯。由此而上意識與智慧雙遣，專在無意識中淨化、滅盡第七、八兩識。

第五，不起心動念階段，即見道、修道位功行圓滿，至此無見無修，於不起心動念中凝結聖胎，不再有俱生我執相惱亂。此時七識已淨，八識沒有我癡、我愛等執著的種子蘊藏，故不再有藏識的名稱。因為初地以六識淨化第七識，只制服俱生我執的現象，沒有制服其種子的根本。八識不是憑藉六識根身的觀照，而是從第七識淨化其俱生二執種子的根本，與此相應對治，除去一分第七識，即淨化一分第八識，從其原因直接作用於結果，開始走向滅盡。

第六，善慧現起階段，藏識名稱已捨去，心胸廓然無我，得大神異之力，轉根身器界成般若善慧之體，七識俱生我執、法執種子開始除盡，摻雜真假

的帶質境惑永伏不起。

第十，法雨遍灑階段，此階段大智充滿，法雲彌天，一切諸法都在智慧的把握之中，將降法雨，加被眾生。如果開啓其大功用，那麼俱生二執的捨除，只在沉潛涵泳妙法之際，法執獨存，也是長久以來熏成種子所致，如同燈外遠遠所現影像，與燈火本身不即不離，則是俱生一分微細影像的障礙未能消隕，所以前五識轉化的結果未能得到三類無漏失的分身，不能止息法界苦輪流轉，殊勝法門的修得只在自己的體悟，而不在他力。由此而上，法雲久滿，靈雨忽飛，到等覺位，一刹那間脫盡長久以來異時成熟的種子、果實中的一分法相所見融化，能見自然不再存在，自我證悟也不再需要，這才回覆眞實的清淨本體，成爲純白潔淨的自體，前五識的無量分身，所作所爲都能證得妙果，盡脫第七、第六、前五識之名，爲白淨識、大圓鏡智，也無妙觀察智、平等性智的區別。前七識絲毫不存，第八識自然還歸清淨眞如本體，前五識自然圓通，與佛同等的覺性也就成就了。

【評析】

「十地」章　論大乘菩薩修證所經歷的十個階段的不同境界，分屬見道位、修道位、菩薩位、佛果位。王恩洋認爲；按法相宗言，從見道後即入修道位，十地皆修道位。王說可參。《成唯識論》卷十：「修習位，由數修習十地行故，漸斷俱生二障粗重，漸次證得眞實轉依。」船山說「二地至七地爲修道位」，與《成唯識論》不同。第七遠行地後功德基本圓滿，猶有第七識俱生法執、我執的種子未盡滅，需到十地才眞正功行圓滿，無法可修、無道可證，才是修習位的結束，進入等覺位、佛果位。但船山強調二地至七地爲修習位的重點，亦未爲大誤。

（一）歡喜地，指見道位中功已圓滿，生大歡喜的感受。（二）離垢地，是進入修道位，具足菩薩妙戒，始遠離塵垢煩惱，面貌初步改觀。（三）發光地，入於禪定，顯現清淨深妙之理，迸發智慧之光。（四）焰慧地，智慧產生，燒盡煩惱，脫離業障之覆蔽。以上戒、定、慧同證，由淺入深，循序漸進，有步步提升之勢。（五）難勝地，即對於出世間與世間眞理都能圓通，通達無礙。（六）現前地，即與自然無爲的眞如合若符契，菩提妙法現前，已不再有入定、出定的分別。（七）遠行地，即功行圓滿，可以遠行進入等覺位了。（八）不動地，即修行圓滿，至此不起作意，專注於凝結聖胎。此時，沒有善惡種子可藏，八識開始走向還滅清淨。（九）善慧地，即轉根身器界成般若善慧之

地，七識俱生我執、法執開始除盡。（十）法雲地，此地大智充滿，法雨遍灑，前七識不存，第八識還歸白淨眞如本體，即得平等人覺之佛果。

【原文 29】

八識轉成四智 [1]

前五識轉爲「成所作智」[2]　三類分身，光明相好，成就衆生，各得解脫。以眼耳鼻舌身現諸功德，成其所作，隨緣利物。此佛果位中用此智爲化身大用。若在修習位中，則二地初禪已捨鼻舌二識，至第三無尋無伺地 [3] 五識俱不起，識既不存，智亦不顯，乃至十地，於此前五因地無二 [註7] 果位 [4] 無功德，直至佛地，智果乃圓。蓋前五直從八識五遍行流注成諸心所，故隨八識而轉，在大圓鏡根本智 [5] 後，故名後得智 [6]。此轉乃就其現量而成化身功德，還而非滅，順轉也。

第六意識轉爲「妙觀察智」[7]　妙觀察者，觀中察出人法雙空，不同二乘有相觀也，能使極略、極迥之法 [8] 昭朗現前。此智最爲先轉，地前已證見道位。初入歡喜地，便能觀察現行分別二執之妄，而證二空；至遠行地，常在雙空觀中，則俱生二執雖未除種子，而永不現行。然意識所轉之智，盡於此地；自此以上，不待作意觀空，自證本智，此智不用。佛果位中一切妙智，一大圓鏡智所攝，更無用此觀察矣。此有順逆二轉：自八識流注之意，亦是如來藏一分淨光，有觀察之能，以之觀空，即成妙智，順轉也；其自七識所染發見之識，一動念即屬非量，無分善染，俱成有覆，則須滅除，逆轉也。

第七末那識轉爲「平等性智」[9]　由有我執，故與物不平；由有法執，故所見不等。初由第六意識入雙空觀，折伏現行二障，漸證平等，至修道位已滿，證無功用行，一刀割斷末那，不執八識爲自內我，不復依持八識起善染之作相，且不就八識見分爲修證之總持，則不平不等之根斷絕無餘。至佛果位中，就菩薩機，應菩薩化而成就之。又若有修有證一分法相，以八識見分隨緣化導，然他受用則然，若自受用，則一色平等，即大圓鏡智無可現起。就其光明普照則謂之大圓鏡，就其本體一如則謂之平等性，其實一智也。此轉滅盡末那，即成平等，逆轉也。

〔註 7〕原注：「二」應作「工夫」。

第八阿賴耶識轉爲「大圓鏡智」　八識本體即如來藏，無有境量而大，無有虧欠而圓，無不普照而如鏡。由無始以來，七識劃地〔10〕忽生，薰習覆障，將此執爲內自我，遂成阿賴耶識。然本七識熏成有漏之體，非如來藏，遂爲拘礙縮小，蒙昧不可還復。在見道位中不得親證；至不動地，七識不能拘執使成賴耶，則此識乍爾脫縛輕安，金剛道〔11〕後宿習消盡，入佛果位，刹那之間，大圓鏡智即爾現前，七識滅盡，圓鏡智自顯，還白淨識，即圓鏡智不（持）〔轉〕〔註8〕滅〔12〕。

【注釋】

〔1〕四智：指成所作智、妙觀察智、平等性智、大圓鏡智。《成唯識論》卷十：「此四心品雖皆遍能緣一切法而用有異，謂鏡智品現自受用身淨土相，持無漏種；平等智品現他受用身淨土相；成事智品能現變化身及土相；觀察智品觀察自他功能過失，雨大法雨，破諸疑網利樂有情。」

〔2〕成所作智：即成就眾生，使其各得解脫，隨緣利物之智慧。

〔3〕無尋無伺：尋，尋求、旁徨急求，是粗的思維作用；伺，伺察、凝神待觀，是細的思維作用。無尋無伺，即不再有粗細的思維作用。又爲四禪之第三禪，爲無覺、無觀狀態。《阿含經》說初禪有尋有伺，二禪無尋有伺，初二禪之間的中間禪無尋無伺。《成唯識論》卷七說：「尋謂尋求，令心匆遽於意言境粗轉爲性。伺謂伺察，令心匆遽於意言境細轉爲性。此二俱以安不安住身心分位所依爲業，並用思慧一分爲體，於意言境不深推度及深推度義類別故。」

〔4〕無工夫果位：指雖有工夫而無實際功用的果位。

〔5〕大圓鏡根本智：據下文「無有境量而大，無有虧欠而圓，無不普照而如鏡」，指親自證得、性相清淨、境量廣大、極爲普遍、圓滿的智慧。《成唯識論》卷十：「大圓鏡智相應心品，謂此心品離諸分別，所緣行相微細難知，不妄不愚，一切境相、性相清淨，離諸雜染，純淨圓德現種依持，能現、能生身土智影，無間無斷窮未來際，如大圓鏡現眾色像。」

〔6〕後得智：指隨圓鏡智以後證得的有利生大用的智慧。《成唯識論》卷十：「無分別智證真如已，後得智中方能了達依他起性如幻事等。」

〔7〕妙觀察智：指善妙觀察諸法實相、總體把握其聯繫，斷一切疑惑、得大自在的智慧。《成唯識論》卷十：「妙觀察智相應心品，謂此心品善觀諸法自相共相，

〔註8〕「轉」原作「持」，據文意改。

無礙而轉，攝觀無量總持之門及所發生功德珍寶，於大眾會能現無邊作用差別，皆得自在，雨大法雨斷一切疑，令諸有情皆獲利樂。」

〔8〕極略極迥之法：指極小無內、至大無外的物質現象。

〔9〕平等性智：指證知自他平等道理的智慧。《成唯識論》卷十：「平等性智相應心品，謂此心品觀一切法自他有情悉皆平等，大慈悲等恒共相應，隨諸有情所樂示現受用身土影像差別，妙觀察智不共所依，無住涅槃之所建立，一味相續窮未來際。」

〔10〕劃地：劃，通嚖，指一刹那間。

〔11〕金剛道：菩薩修行將成佛時，觀智明利，能斷所知、煩惱二障，堅固無上，猶如金剛，所以名爲金剛道。金剛道後俱生法執永斷，不再感染生死輪迴惡習，空去異熟識之名，至此轉成大圓鏡智。

〔12〕不持滅：即不轉滅，意謂平等性智是「轉滅盡末那」而來，大圓鏡智不是轉滅第八識而來，而是返回清淨本性；也可以如《成唯識論》所理解的那樣，圓鏡智彰顯時，不出生死、不入涅槃，世間、出世間一如，連鏡智本身也不再需要，不需轉滅依生死或轉證依真如了。《成唯識論》卷九：「依即是唯識真如，生死、涅槃之所依故。愚夫顛倒迷此真如，故無始來受生死苦，聖者離倒悟此真如，便得涅槃畢究安樂。由數修習無分別智，斷本識中二障粗重，故能轉滅依如生死，及能轉證依如涅槃。」

【今譯】

「八識轉成四智」

前五識轉爲成就所作的智慧。這是通過自性身、受用身、變化身，以光明的體相成就眾生，使他們得到解脫，以眼耳鼻舌身展現其功德，隨眾生的因緣使其獲得利益。這是在佛果位中，以此智慧而大力施展作爲。如果在修習階段，那麼二地初禪已捨棄對鼻舌功能的執著，到三禪無覺無觀時，五識功能也不顯起，認識功能不顯，智慧也無法顯現。到第十地，此前一切工夫成無功德之功，到達佛果位，智慧的果實才圓滿顯現。這是因爲前五識的功能都是從第八識本體普遍流注而成，也隨著第八識的轉變而轉變，在大圓滿的根本智慧之後，名叫後得的智慧。這個轉變是從其現實展現化身功德而說，是返回清淨本體，不是轉滅生死輪迴的依據而轉，所以叫順勢而轉。

第六識轉爲妙觀察的智慧。妙觀察的智慧，是從觀照中悟出人我、法我

雙空的道理，不同於小乘執著法相的觀察，能使最精微、最宏觀的事物的本質都能朗朗現前。八識中妙觀察智最先轉，初地前已證入見道階段，入歡喜地，便能觀察現實表現出來的分別我執、法執的虛妄，證得雙空之理。至遠行地，常在雙空觀中，俱生二執雖然未除去種子，而能永遠不再顯現，因而，意識所轉的妙觀察智即此形成。自此而上，不必刻意觀照，自能證得本智，妙觀智不再運用。佛果位中一切妙智都被圓鏡智所統攝，更不用此智了。第六識轉此智，有順、逆兩種情況：順轉即順著第八識如來藏之本體而轉，也是如來藏的一分淨光的體現，有觀察之智慧，以之覺照，即成為妙觀之智，這是順轉；從第七識所染引發的認識，一動念即屬於非理性的思量，不管是善、是惡，都成為蔽覆真如實性之見識，都需要滅除，這即是逆轉。

第七末那識轉為平等性智。由於有對人我的執著，所以對他物就不平等；因為有法我的執著，所見的事物就不能平等看待，初由第六意識入人我雙空觀時，折服現實發生的煩惱、所知障礙，漸漸證得平等性智，到修道階段已圓滿證得無功之功。一旦一刀斬斷末那，不再把持第八識而為善作惡，而不再影響第八識的認識能力在總體上發揮作用，那麼不平等的根源就能斷絕無遺，至佛果位就菩薩的機緣而應化完成。如果真正有修證的工夫，以第八識的認識努力隨不同機緣化導，使眾生得到受用，自己也得到受用，一色平等，大圓鏡智也就無可顯現。就其光明普照則成圓鏡智，就其本體一如而言，則平等性智與大圓鏡智實質是一樣的。此轉變是滅盡末那，成為平等的智慧，屬於逆轉。

第八識轉為大圓鏡智。第八識的本體即是如來藏，境量無窮稱大，沒有欠缺叫圓，無處不能普照，如同鏡子一樣。由於長久以來第七識剎那間產生，不斷薰染，將第八識執為自內於我的東西，遂成阿賴耶識體。然而，這是受第七識的薰染而成，並非如如而來的本體，因而受到拘束、障礙、束縛，成為蒙昧不可回覆之物，在見道階段無法親自證得，到不動地，第七識不再把持、約束，此識乍然脫離束縛，身心舒坦安逸，到妙觀智慧成熟，如金剛般堅固，長期以來的宿習消亡殆盡，進入佛果位，剎那見大圓鏡智體清淨顯現在前，第七識滅盡，圓鏡智慧自然顯現，返回純白潔淨本體。此大圓鏡智顯然不是轉滅而來，而是回返清淨自性。

【評析】

八識轉成為四智，即前五識轉為成所作智，第六意識轉為妙觀察智、第

七末那識轉爲平等性智，第八阿賴耶識轉爲大圓鏡智。成所作智，即成就眾生，使其各得解脫，隨緣利物之智慧。妙觀察智，從微觀至宏觀，都能觀照到人法雙空的智慧。平等性智，即證知自他平等道理的智慧。大圓鏡智，是以大圓鏡比喻此智體清淨，遠離有漏雜染之法，顯現眞如無有止境、無有欠缺、無不普照的境界。此轉識成智，用玄奘的概括說：「此四品總攝佛地一切有爲功德皆盡」，「如大圓鏡現眾色像……；觀一切法自他有情悉皆平等……；善觀諸法自相共相……無礙而轉；欲利樂諸有情故，普於十方示現種種變化三業，成本願力所應作事。」即回歸清淨本性，平等普度有情，妙觀諸法實相，成辦利他事業；用吳立民先生的體悟說，也就是成就願力大（破除我執）、見地眞（破除法執）、修行切（頓漸雙修），世出世間圓融的理想人格。

王恩洋按：「不轉滅」原本作「不持滅」。今據本條轉八識成四智有轉滅、轉還、順轉、逆轉之別，說六識亦還亦滅，亦逆亦順；七識逆而非順，滅而非還；五八轉還而不轉滅，順轉而非逆轉義，故改「不持滅」爲「不轉滅」。王說是，應從。

綜上所述，《相宗絡索》對法相唯識之學的二十九個範疇和命題作了比較系統，又提綱挈領的介紹，爲學者入門的嚮導，不愧爲釋氏之「小學紺珠」，對於階梯後進，確有不可磨滅之功。雖然由於當時主客觀條件韻限制，書中難免有不盡如人意之處，但其中亦顯現不少創見之思想閃光。其最主要的思想即揭示唯識論的眞諦，在於一刀斬斷末那頓悟。他認爲末那識，稱爲意之識，即儒家所謂志向。世人玩物喪志（也有玩人喪志、玩史喪志），佛家則有玩空喪志；前者執著於外物，後者執著於絕對的空（頑空）。要成佛，則必需斷末那而頓悟，且要空有不二，眞空妙有，反對對外物和自我的執著，不贊成否定眞空妙有的絕對化的頑空；要成就儒家理想人格，則必須繼善成性，造命相天（此與道教性命雙修相通），樹立正確的志向。因此，船山入佛老，傳佛老確有所悟，深有造詣，他的出佛老、闢佛老又與佛老思想之精華相圓通。我們要知明清唯識學，不可不懂此書，要宏揚、改造唯識之學，使傳統文化之精華發揚光大，尤不可不研究此書。至於以上解釋是否得當，是否對當今中西哲學的辯證思維的會通有所啓迪，當就正於方家與來哲。

最後，以數句偈語就唯識綱宗略陳淺見：

　　　　轉識成智歸清淨，平等普度覺有情。

　　　　妙觀諸法顯實相，成辦利他益人天。

於我破我願力大，披沙點金見地眞。
頓漸兼弘修行切，法界圓融路三千。

2013.12.5.修訂於上海
2016.08.30.改訂於匹兹堡

附錄：成就理想人格的人生智慧
──王船山「轉識成智」論淺析 [註1]

　　船山「轉識成智」論，吸取佛家唯識學的精華，堅持儒家正志爲本，挺立理氣統一之誠的道德本體，堅持於「有我」而言「無我」的辯證綜合，強調「聞見之知與所性合符」的德性證悟，凸顯「一於豫養，求精於義」成就理想人格的實踐理性精神，體現了明清實學的時代特色，是唐宋以來對道德踐履和人生智慧影響至巨的思想奇葩。

　　「轉識成智」是關於事物的知識如何轉化爲人生智慧的學問。馮契先生從廣義認識論出發認爲，中國哲學「轉識成智」論，一般圍繞著「性與大道」的問題，包含著理性直覺、辯證綜合和道德證悟三方面的智慧，蘊含著「化理論爲方法（方法論）和化理論爲德性（價值論）」等豐富內容 [註2]。中國哲學很早就圍繞著「性與天道」的問題，對智慧問題進行了探索。船山「轉識成智」論是對中國哲學「轉識成智」的智慧學說別具特色的繼承和發展。

一、船山「轉識成智」論的提出

　　從先秦時期孔子《論語》「言性與天道不可得而聞」以來，歷代都有對「轉識成智」的智慧的探索。《列子・天瑞》載：孔子游泰山，見榮啓期披鹿皮，

〔註1〕作者：李佩樺，女，湖南師大中國哲學碩士，湖南科技學院教務處職員，電話：18274622779；徐孫銘，湖南師大公管學院中國哲學碩士研究生導師，電話：13917149254Email：1034674771@qq.com。
〔註2〕馮契，智慧的探索，馮契文集，第八卷，上海：華東師大出版社，1997.3。

紮草繩，鼓琴而歌，孔子問他何以自得其樂，榮啓期以天地間萬物人爲貴，能生而爲人，是一樂；人世間男尊女卑，能生爲男人，是二樂；許多人不得終其天年，而我行年九十，是三樂。孔子稱讚他善於調整自己的心態，能自己寬自己的心。這種在險惡的生存環境下超越知識所限，求得「寬心」的生活態度和生存方式，就是一種對人生智慧的探討。

唐代玄奘大師傳譯佛教唯識學的論典《成唯識論》並創立唯識宗，唯識學遂流播中土。《成唯識論》卷十提出轉八識成四智：「轉有漏八七六五識相應品，如次而得。……爲勸有情依智捨識故，說轉八識而得此四智。」〔註3〕明確把知識與智慧區別開來，並稱「轉八識得四智」，「此四品總攝佛地一切有爲功德皆盡」，把唯識學「轉識成智」作爲成就理想人格，得到超越世間的最高智慧的總持法門。李百藥奉敕爲唐波羅頗蜜多羅譯、印度無著造《大乘莊嚴經論》作序說：「其菩提一品最爲微妙，以轉八識以成四智，束四智以具三身，詳諸經論所未曾有，可謂聞所未聞，見所未見。……三藏法師云，外國凡大小乘學，悉以此論爲本。若於此不通，未可弘法。是以覃思專精，特加研究。」可見「轉識成智」論爲佛家大小乘所共依循，在中土弘傳流通，也就爲中國哲學的智慧學說提供了新的理論資源。唐代後期李翱《復性書》和「明誠」之論，宋明理學中「德性之知與見聞之知」、「道問學與尊德性」、「存天理與滅人欲」等有關「成德之學」的論辯由此而進入新的階段。

王船山以「六經責我開生面」爲己任，同時「出入佛老」，將法相唯識學諸種要義提煉爲《相宗絡索》，闡釋了佛家「轉識成智」論，並圍繞著「性與天道」的問題，在《張子正蒙注》等著作中，對「存神之學」（理性直覺）、「作聖之功」（道德證悟）、「化物之道」（辯證綜合）〔註4〕作了系統論述，尤其在價值取向、道德本體的挺立、德性證悟及其方法、成就理想人格等方面，使儒家的智慧學說別開生面。

誠如馮契先生所說：「只有在智慧學說即關於性和天道的認識及如何轉識成智的問題上，達到新的理論高度、新的哲理境界，才能會通中西，解決上述有關邏輯與方法論、自由學說與價值論這兩個方面的基本理論問題。」〔註5〕

〔註3〕 玄奘・成唯識論，卷十・大正藏・No.1585。
〔註4〕 王夫之，張子正蒙注・船山全書：第十二冊，長沙：嶽麓書社，1992.17.382。
〔註5〕 馮契文集，第一卷，上海：華東師大出版社，1996.34。

二、船山「轉識成智」論的價值取向

王船山（1619—1692）哲學是宋明理學乃至整個中國傳統哲學的批判總結的產物。明末清初天崩地解的社會變動，資本主義萌芽的緩慢發展和西方科學人文精神的傳入，激發了哲人濃烈的歷史批判精神、「相天造命」「立人極」的歷史使命感和擔當意識。其「轉識成智」論正是這一精神的集中體現。

圖1 船山《相宗絡索》人形圖

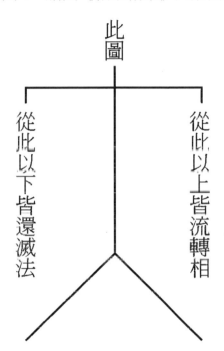

船山站在佛教的立場，通過《相宗絡索》揭示唯識學的一個重要內容，就是「迷悟二門」：一條是輪迴五趣的兇險之途，叫流轉門；一條是滅淨煩惱，返回眞如本體，趨向涅槃成佛的還滅門（見圖1）。船山在「八識轉四智次第」章認爲：「至等覺位，一刹那頃，七識轉盡，從此盡未來際，不受一毫薰染。無始以來，原不曾熏動絲毫，還與眞如契合無二，名無垢識，一曰白淨識。」「此識（第八識）乍爾脫縛輕安，金剛道後，宿習消盡，入佛果位，（刹）那之間，大圓鏡智即爾現前，七識滅盡，〔平等〕智自顯，還白淨識，即圓鏡智不（持）〔轉〕滅。」〔註6〕

〔註6〕王夫之，相宗絡索，船山全書：第十三冊，長沙：嶽麓書社，1993.583。

　　「轉識成智」是將有執的末那識轉化爲無執的平等性智，與第八識轉化爲大圓鏡智（又名白淨識）相應，前五識隨之轉爲成所作智，第六識轉爲妙觀察智。八識轉成四智（即成所作智、妙觀察智、平等性智、大圓鏡智）的先後順序是：八識中，第六七二識先還滅，第六識從初地見道起，至第七遠行地即滅盡；第七識從見道位起，至第八不動地我執永滅；第五、八二識還滅在後，第八識在第七遠行地將還白淨識，轉成無垢，證大圓鏡智。前五識至佛果位亦還眞如本體。在這過程中，第七識的污染和執持之功用即滅，第六識保留其思維之觀照作用，而滅去其受染的功能，故曰半還半滅；前五識、第八識只有恢復其眞如本性，只還無滅。這是與流轉相反的逆向運動，故曰「逆序」。一順一逆，方向相反，何去何從，決於一心〔註7〕。

　　船山闡釋佛家「轉識成智」論，承玄奘《成唯識論》而來，其主旨是：經過漸修基礎上的頓悟，轉八識成四智，由流轉生死之門，趨於還滅解脫之路，達到涅槃成佛的理想境界。船山雖然是應先開和尚之請作《相宗絡索》，但不是依樣畫葫蘆，而是有其創見。其創見在於：第一，轉識成智需漸修與頓悟結合；第二、關鍵在於一刀斬斷末那識（第七識），破除我執、法執；第三、轉識成智的目的是把作爲道德本體的第八識轉爲白淨識，回歸圓滿清淨自在、超越的清淨本性〔註8〕。

　　而船山站在儒家的立場上，其「轉識成智」論，亦承《易傳》和張載《正蒙注》而來。老子即有「爲學日益，爲道日損」〔註9〕，即對知識的追求不斷積纍和對道德境界「道」的提升不斷去除執著的探討。孟子區別「大體」（心）與「小體」（耳目感官），並提出「盡心──知性──知天」〔註10〕，把內在的道德證悟與探究外在的自然規律統一起來。到漢魏之際，王弼主張「得言忘象，得意忘言」，郭象《莊子注·秋水》提出「求之於言意之表，而入乎無言無意之域」，超越名言的是非和彼此的局限，以達到無名之域的「玄冥獨化」，並在《論語體略》中把「爲政」的知識和體驗轉化爲對「萬物之性」的體悟和把握。宋明理學家中，張載批評「儒、佛、老、莊混然一途，語天道性命者，不罔於恍惚夢幻，則定以『有生於無』爲窮高極微之論」〔註11〕，

〔註7〕吳立民、徐孫銘，船山佛道思想研究，長沙：湖南出版社，1992.144。
〔註8〕參船山佛道思想研究·第二節絡索相宗開生面。
〔註9〕王夫之，張子正蒙注·序，船山全書：第十二冊，長沙：嶽麓書社，1992.26。
〔註10〕王夫之，張子正蒙注·序，船山全書：第十二冊，長沙：嶽麓書社，1992.12。
〔註11〕王夫之，張子正蒙注·序，船山全書：第十二冊，長沙：嶽麓書社，1992.382。

主張「言無非《易》，立天、立地、立人，反經研幾，精義存神，以綱維三才，貞生而安死」。船山服膺張載，說「往聖之傳，非張子其誰與歸！」〔註12〕使「語天道性命」的轉識成智論立足於《周易》，由釋老虛寂、空幻之論返而歸於張子的正學。船山出入佛老，雖對佛家「轉識成智論」有所肯定，且有自己的卓見，而根本仍在使儒家正學開生面。以儒家爲本，以佛老爲用，這是船山「轉識成智」論價值取嚮之主旨。

三、船山「轉識成智」論的人生智慧

船山在《張子正蒙注》末說：「合天存神之學，切於身心者如此，下學作聖之功在矣，盡己而化物之道存矣，故正蒙以此終焉。」〔註13〕船山所服膺的張子之學包括「合天存神之學」、「下學作聖之功」、「盡己化物之道」，其「轉識成智」論既包含知性如何向覺悟的智慧（「合天存神」）飛躍的認識論問題，亦包含道德修持（「盡己化物」）和成就理想人格（「作聖之功」）的道德倫理問題。就後兩者而言，船山的「轉識成智」論主要包含四方面的創見：「正志爲本」，挺立乾健坤順的道德本體，「於有我而言無我」的辯證綜合，「性日生日成」的修持方法，「存神知己、精義入神」而成就理想人格等。

1、正志爲本，挺立理氣統一之誠的道德本體

船山堅持正志爲本，以「身任天下」、「相天造命」爲最高價值取向。《張子正蒙注・中正篇》說：「學者以大心正志爲本，……教者尤以正志爲本」〔註14〕，認爲儒者必須把正志，即樹立正確的人生理想、政治方向放在第一位。這就把儒家與佛家「明心」「破執」區別開來。

船山在《思問錄外篇》說：「釋氏之所謂六識者，慮也；七識者，志也；八識者，量也；前五識者，小體之官也。嗚呼！小體，人禽共者也。慮者，猶禽之所得分者也。人之所以異於禽者，唯志而已矣。不守其志，不充其量，則人何異於禽哉？而誣之以名曰染識，率獸食人，罪奚辭乎？」〔註15〕船山以意識、思慮釋第六識，以志向、意志釋第七識，以度量、識量釋第

〔註12〕 王夫之，張子正蒙注・中正篇，船山全書：第十二冊，長沙：嶽麓書社，1992.160、188。
〔註13〕 王夫之，思問錄・外篇，船山全書：第十二冊，長沙：嶽麓書社，1992.451。
〔註14〕 王夫之，張子正蒙注・有德篇，船山全書：第十二冊，長沙：嶽麓書社，1992.258。
〔註15〕 王夫之，張子正蒙注・船山全書：第十二冊，長沙：嶽麓書社，1992.17.18-19。

八識，以思維器官（小體之官）釋前五識，「志者，事所自立而不可易者也。」〔註 16〕把堅定不移的志向（大體）作爲人禽的一個根本分野。認爲人而無志，豈非禽獸，何以爲人！釋氏「轉識成智」，要人們摒棄眼、耳、鼻、舌、身前五識，而且要人們不思維、不了別，不僅否定作爲認識對象的「法」，而且否定作爲認識主體的「我」，以爲只有「我、法雙空」，才能達到涅槃成佛的境界。釋氏所要斬斷的末那識，實際上是儒家乾健之性、自強不息的志向。船山說釋氏「斥七識乾健之性，六識坤順之性爲流轉染污之害源」，正如船山之子王敔所說：「此言乾健之性、坤順之性者，爲仁由己，乾道也；主敬行恕，要在誠意慎獨，坤道也。」〔註 17〕乾健之性，就是一個人建立德業的志向和自強不息的志氣。坤順之性，則是厚德載物、眞誠無妄的誠意和意志。乾健之性屬於理性直覺，坤順之性屬於德性的證悟。一個人的德業大小，視其志向與志氣而定，是理性直覺與德性證悟的統一。「志之篤，則氣從其志，以不倦而日新。蓋言學者德業之始終，一以志爲大小久暫之區量」〔註 18〕。從「出世間法」說，出世之人企求涅槃成佛，正是要泯滅在世間有所作爲、自強不息之志向。究竟是樹立乾健之性、自強不息的志向，還是泯滅有所作爲、自強不息之志向，正是船山與佛家價值觀之根本分野。船山之所以不聽從其好友方以智「逃禪」的勸告，其根本原因亦在此。

就第八識心識轉成「大圓鏡智」而言，船山認爲：「故釋氏之談心，但云明心、了心、安心、死心，而不言正。何也？以苟欲正之，則已有期、有留、有繫，實而不虛也。」「如（朱子）云『未來不期，已過不留，正應事時不爲繫縛。』……釋氏有『坐斷兩頭，中間不立』之說，正是此理。彼蓋謂大圓智鏡，本無一物，而心空及第，乃以隨緣赴感，無不周爾。迨其末流，不至於無父無君而不止。《大學》之正其心以修齊治平者，豈其然哉？」〔註 19〕

船山站在儒家《大學》的立場，以正其心、修齊治平爲本，強調乾健坤順之性，批評佛家淪於「虛寂」，乃「至於無父無君而不止」，即是崇尚「實而不虛」的實踐理性。他批評佛家「虛寂」、「無父無君」雖無新意，對佛家「本無一物，心空及第」（即對主客體都不應執者，而不是取消主客觀世界）

〔註 16〕 王夫之，張子正蒙注·船山全書：第十二冊，長沙：嶽麓書社，1992.17.33。
〔註 17〕 老子·四十八，二十五章，中國哲學史教學資料選輯，北京：中華書局，1981.80。
〔註 18〕 周敦頤，通書·誠上，元公周先生濂溪集：長沙：嶽麓書社，2006.55。
〔註 19〕 王夫之，詩廣傳·大雅，卷四，船山全書：第三冊，長沙：嶽麓書社，1992.448。

也有誤解，但強調正志爲本，挺立健順的道德本體，這對於成就儒家的理想人格，成人、成聖，是完全必要的。

關於道德本體的挺立，中國傳統哲學一直圍繞「性與天道」的認識問題，試圖從「天人合一」思想中尋找本體論根據。老子的「道法自然」〔註 20〕，認爲無論天道和人道都是順應自然的，體察天道，也就懂得了人道，可以獲得人生的智慧。周敦頤《太極圖說》和《通書》悟「太極本無極」之理，說：「誠者，聖人之本。」〔註 21〕把純粹至善的誠作爲道德本體。張載則悟「太虛無形，氣之本體」，並把明理與至誠的道德修持結合起來，認爲：「因明至誠，因誠至明，故天人合一。」〔註 22〕船山繼承這些思想資料，論定宇宙本體即太虛陰陽之氣，「存順沒寧，死而全歸於太虛之本體。」「凡天下之事物，一皆陰陽往來之神所變化」〔註 23〕。人性的本源也是太虛之氣，「太虛者，陰陽之藏，健順之德存焉；氣化者，一陰一陽動靜之幾，品彙之節具焉。秉人虛和氣健順相涵之實，而合五行之秀以成乎人之秉彝，此人之所以有性也。」太虛之氣含有「和氣健順」之實——誠信，包含誠實的道德本體和德性。同時，「道行於乾坤之全，而其用必以人爲依。不依乎人者，人不得而用之，則耳目所窮，功效亦廢，其道可知而不必知。聖人之所以依人而建極也。」〔註 24〕認爲道作爲自然界、人類社會的規律，只有依靠人的智慧通達、明曉，並斟酌之、善用之，才能實現參贊天地之化育，顯示其功用。所以船山提出「以心盡性，以性合道，以道事天」的思想。「依人建極」，挺立「太虛之氣」——實有之「誠」作爲道德本體，是船山對張載氣本論和「明誠合一」論、周敦頤「誠爲聖人之本」論的繼承和發展。

2、於「有我」而言「無我」的辯證綜合

挺立健順的道德本體，與「有我」並不矛盾。船山並沒有因挺立道德本體而籠統反對「有我」，認爲「言無我者，亦於我而言無我爾。如非有我，更孰從而無我乎！……我者，大公之理所凝也。……無我者，爲功名勢位而言也，聖人處物之大用也。於居德之體而言無我，則義不立而道迷。……必實

〔註 20〕 老子‧四十八，二十五章，中國哲學史教學資料選輯，北京：中華書局，1981.80。

〔註 21〕 周敦頤，通書‧誠上，元公周先生濂溪集：長沙：嶽麓書社，2006.55。

〔註 22〕 王夫之，詩廣傳‧大雅，卷四，船山全書：第三冊，長沙：嶽麓書社，1992.448。

〔註 23〕 王夫之，張子正蒙注‧動物篇，船山全書：第十二冊，長沙：嶽麓書社，1992.107。

〔註 24〕 王夫之，周易外傳‧泰，船山全書：第一冊，長沙：嶽麓書社，1988.850。

有我以受天地萬物之歸，無我則無所凝矣。」〔註25〕「無我」與「有我」是相比較而言的：從道德行爲的內容來說，作爲天德之所成、大公之理所凝，道德精神本來就是人所具有，本來就不是自私的，「萬物皆備於我。有我非私，明矣。」功名勢位，也是聖人處物應世的大用，無可否認。因此，作爲道德本體，不能「無我」，否則，就沒有道義的承擔者。他在《思問錄內篇》辨「有我」與「無我」的關係說：「必實有我以受天地萬物之歸，無我則無所凝矣。言無我者，酌於此而後不徇辭以賊道」〔註26〕。「受天地萬物之歸」，即回歸道德本體。船山堅持於「有我」而言「無我」，不是孤立地、絕對地的言「無我」，把道德修養的「無我」利他和道德行爲主體的挺立、勇於擔當精神的「有我」既相區別，又辯證地統一起來了。

船山在方法論上堅持體用一致的觀點，不是立體以廢用，而是「誠立用自行」，由用以得體。他批評「佛老之初，皆立體而廢用。用既廢，則體亦無實。……君子不廢用以立體，則致曲有誠，誠立而用自行。逮其用也，左右逢原而皆其眞體。」〔註27〕佛家「以七識爲生死妄本。七識者，心也。此本一失，則無君無父皆所不殆。」〔註28〕所謂斬斷七識，即是破我執、法執，立無我。程頤解釋《易經》「艮卦」時近於佛家，認爲：「不見其身也，謂忘我也。無我則止矣。不能無我，無可止之道。」以「忘我」、「無我」爲止於至善之道。船山對此則表示反對，並作具體分析。船山《詩廣傳・大雅》有言：「或曰聖人無我，吾不知其奚以云無也？我者，德之主，性情之所持也。必挾其有我之區，超然上之而用天，夷然忘之而用物，則是有道而無德，有功效而無性情矣。」〔註29〕認爲道德主體是性情的主宰，道德行爲是道德主體的功效與性情的統一，不能撇開道德主體而言道德。

「無我」的「我」有幾層涵義：相對於客體，「我」爲認識主體；相對於「無我」，「我」爲「有我」；相對於道德行爲和道德責任，「我」爲道德行爲的承擔者、道德主體；在道德行爲中，統御性情的主宰之我，爲道理、理性；相對於公利而言，「我」爲私利。從道德行爲而言，不能沒有主體，不能「無

〔註25〕王夫之，思問錄・內篇，船山全書：第十二冊，長沙：嶽麓書社，1992.417、
　　　　 418。
〔註26〕王夫之，讀四書大全說・大學，船山全書：第六冊，長沙：嶽麓書社，1991.446。
〔註27〕王夫之，思問錄・內篇，船山全書：第十二冊，長沙：嶽麓書社，1992.416。
〔註28〕王夫之，思問錄・內篇，船山全書：第十二冊，長沙：嶽麓書社，1992.412。
〔註29〕王夫之，詩廣傳・大雅，卷四，船山全書：第三冊，長沙：嶽麓書社，1992.448。

我」，「無我」則不可能行道，不能行道就不能有所得，也不可能統御性情。「有我」才能安立堅持正確志向的載體，不爲外物或性情之偏頗所動搖，才能行道而有所得（「德」），不至於有道而無德。從體用一致和「道御性情」（即理性與非理性的統一）的辯證思維進行思考，同時吸取佛家「坐斷兩頭，中間不立」的合理成分，船山強調有我、身任天下，又不執著於「我」。他從「有我」而論「無我」，「有而不拘，實而不滯」〔註30〕，從相對中把握絕對，從現實而超越，從而把世間法與出世間法融通起來，達到轉識成智的最高境界。於「我」而言「無我」，於「無我」處見「有我」，更凸顯「我者，大公之理所凝」，不僅體現了船山對挺立道德本體的終極關懷的重視，而且某種程度上反映了市民意識的覺醒。

3、「性日生日成」漸修而頓悟的修持方法

達到智慧和德性的證悟，必須具備豐富知識，深入全面地把握天地之理，「上推之天理，知天之爲理乎物者則然。下推之人事，知天理之流行於善惡吉凶者無不然。此非傳者得聖學之宗，不能一言決之如此。而非兩程子，則亦不能極之天道，反之己心，而見其爲功之如是者。」〔註31〕上推天理，下及人事，反之己心，「繼善成性」，是道德證悟的過程；「盡心、合道、事天」，是擴充自己的知識學問，加強自身道德修養，以「崇德廣業」，取得德性自由，達到有益於事功的目的。

盡人道而合德，達到天人的和諧統一，是一個「天日命之，人日受之」、從「聞見之知」向「德性之知」發展的長期積纍過程。船山主張以漸修而頓悟的方式實現由「識」到「智」的轉化。他雖然肯定佛家關於「一刀斬斷末那」而頓悟的合理因素，卻並不從根本上認同。他批評宋明儒離開「漸悟」而侈談「頓悟」，以「一旦」之「頓悟」爲最高眞理，指出朱熹「忽然上達」說割裂了「下學」與「上達」的有機聯繫，與釋氏「頓悟」同調，與儒家「與天爲一，步步是實，盈科而進」的路數大異其趣，且與《老子》之意相左。船山說：「『爲學日益，爲道日損』，亦窺見此意與？」〔註32〕

船山在《張子正蒙注‧誠明篇》精闢地指出：「通事物之理，聞見之知與

〔註30〕 王夫之，張子正蒙注‧可狀篇，船山全書：第十二冊，長沙：嶽麓書社，1992.361。
〔註31〕 王夫之，讀四書大全說‧大學，船山全書：第六冊，長沙：嶽麓書社，1991.446。
〔註32〕 老子，四十八章，轉引自王夫之老子衍，船山全書：第十三冊，長沙：嶽麓書社，1993.46。

所性合符；達所性之德，與天合德，則物無小大，一性中皆備之理。」「體天之神化，存誠盡性，則可備萬物於我。」只有通過長期的積纍，才能超越知識見聞，通達事物之理，與天合德，體悟天地的神妙變化，使萬物爲我所用，這不僅符合認識的規律，也適合大多數人的資質和根性的實際。

從知識到智慧的發展，有一個由「見聞之知」到「德性之知」的過程，也就是馮契教授所說「化理論爲德性」的過程。船山把程朱理學的先驗人性還原到人的生命體驗之中，還原到現實的道德踐履之中，指出從「天道」方面來說，人僅僅具有仁、智、勇之本性而已，如果不通過人的好學、力行、知恥等感性實踐，「仁、智、勇」就不能眞正表現爲人的現實品性。只有通過好學、力行、知恥等道德踐履，才能逐步實現仁、智、勇統一的完整人性。這與傳統佛家的出世品格相區別，也與程朱「成德之學」的內在反省途徑和方法拉開了距離。

4、「一於豫養，求精於義」成就理想人格的德性證悟

佛家唯識學「轉識成智」的理論是與其「涅槃成佛」的主旨緊密相連的，是爲了實現「三法印」（諸行無常，諸法無我，涅槃寂靜）中的「涅槃寂靜」境界，即達到天人合一的無對待、清淨自在、圓滿的心靈感受。船山吸取道家「順則成人、逆成仙」的思想和法相宗關於「迷悟二門」的理論，認爲人生於污染的娑婆世界，如果順著業力和習性流轉，就會迷失善良的本性「眞如」，由眞如變爲有善有惡的阿賴耶識，再變現貪婪執著的末那識，再變出前六識，通過眼耳鼻舌身的感覺和意識，形成重重障礙，墮於無休止的輪迴之中。只有轉八識爲四智，才能獲得解脫自在。同時認爲：「眞如流轉而成八識，識還滅而即實性，如反覆掌，面背異相，本無異手，故四智即唯識也。」〔註33〕八識與四智、流轉和還滅、世間法與出世間法，如同手心與手掌一樣，本來是統一的，迷與悟，成人與成佛，只在一心，在一念之間的區別。

當然，船山的「轉識成智」論，根本立場還是成人成聖，不同於佛家涅槃成佛的。船山所服膺的張子之正學，正如《宋史・張子本傳》所說：「（張子）與諸生講學，每告以知禮成性、變化氣質之道，學必如聖人而後已；以爲知人而不知天，求爲賢人而不求爲聖人，此秦漢以來學者大弊也。」〔註34〕

〔註33〕王夫之，相宗絡索・邪見五種，船山全書：第十三冊，長沙：嶽麓書社，1993.571。
〔註34〕王夫之，張子正蒙注・附錄，船山全書：第十二冊，長沙：嶽麓書社，1992.384。

張子教人以知禮成性、變化氣質爲成就聖人爲本，船山則以張子正學爲往聖之正傳，說：「張子言無非易，立天、立地、立人，反經研幾，精義存神，以綱維三才，貞生安死，則往聖之傳，非張子其孰與歸！」〔註35〕贊成張載「此篇（《西銘》）補周子天人相繼之理，以孝道盡窮神知化之致，使學者不捨閨庭之愛敬，而盡致中和以位天地、育萬物之大用，……眞孟子以後所未有。」〔註36〕船山繼承張載「窮神知化」「一於精義」之說，提出「作聖之一於豫養，不使其心有須臾之外馳，以爲形之所累，物之所遷，而求精於義，則即此以達天德。」〔註37〕這種「一於豫養」「求精於義」是通過證悟，對人道、天道及其相互關係看通透之後，「義精德崇」、「道通爲一」的無待、無對的超越境界，與佛老「索之於虛無不測之中，役其神以從」（同上）是有區別的，是基於實踐理性在性與天道相互作用中展現人的完美德性，成就理想人格的體現。

　　船山的人生理想以道德修養和事業成就來衡量人的價值。佛教以解脫人的生死痛苦，超越世間、達到涅槃境界爲目標，這兩種人生理想和價值觀基調不同，但也有許多相通之處。儒家轉識成智「於我而言無我」、「上推天理，下推人事，反之己心」、「求精於義」，包含辯證綜合的方法和道德修持的內容；佛家轉識成智也包含妙觀察的般若智慧和趨於道德圓滿的德性證悟。儒家轉識成智關鍵在於立志、正志，挺立健順之性，達到「大公之理之凝」；佛家轉識成智關鍵在於破執，由「無我」而達到利他之「大我」。儒家轉識成智重在漸修而豁然貫通；佛家轉識成智重頓悟，不廢漸修。儒家轉識成智追求理想人格和成聖；佛家轉識成智主涅槃成佛，實際上也是「人成即佛成」（太虛大師語），也是把出世與入世相統一。可見船山所闡明的儒家「轉識成智」思想與佛教唯識學主旨大體上是相通的，都是爲了達到「天人合一」的境界，實現人的超越智慧和自由德性。船山既看到了事物的客觀規律性，又注重人的主體能動性，強調挺立健順之性的道德主體，以及人的德性之知和道德修養對於繼天立極的巨大作用，區別於以往只見「天理流行」，無視人的實踐活動的「天理史觀」和「天命觀」，使王船山在「轉識成智」中高揚主體能動精神，較之孔孟、周敦頤、張載所提倡的主體能動性，站得更高，

〔註35〕王夫之，張子正蒙注·序論，船山全書：第十二冊，長沙：嶽麓書社，1992.12。
〔註36〕王夫之，張子正蒙注·乾稱篇，卷九，船山全書：第十二冊，長沙：嶽麓書社，1992.353。
〔註37〕王夫之，張子正蒙注·神化篇，卷二九，船山全書：第十二冊，長沙：嶽麓書社，1992.90。

看得更遠，更富於啓迪意義。

　　船山以「六經責我開生面」爲己任，又「出入佛老」，其「轉識成智」論，深深打上佛學的印記。船山圍繞著「性與天道」的認識問題，堅持儒家正志爲本，挺立健順之性的道德本體，堅持於「有我」而言「無我」的辯證綜合，強調「聞見之知與所性合符」的德性證悟，凸顯「一於豫養，求精於義」成就理想人格的實踐理性精神和經世致用品格，體現了明清實學和市民階層「破塊啓蒙」的時代特色，是唐宋以來對道德踐履和人生智慧影響至巨的思想奇葩。

（載香港《世界佛教論壇周刊》2008 年 12 月號）